Faïza Guène

Paradiesische Aussichten

Texte • Medien

Faïza Guène

Paradiesische Aussichten

Aus dem Französischen von Anja Nattefort

Erarbeitet von Annett Davideit und Peter Petrović

Schroedel

Texte • **Medien**

Herausgegeben von
Annett Davideit und Peter Petrović

Druck A 1 / Jahr 2009
Alle Drucke der Serie A sind im Unterricht parallel verwendbar.

Redaktion: Ina Jennerjahn
Herstellung: Ira Petersohn, Ellerbek
Reihentypografie: Iris Farnschläder, Hamburg
Satz: UMP Utesch Media Processing GmbH, Hamburg
Druck: CPI – Clausen & Bosse, Leck
Titelillustration: Ingo Lehnhof

Die Originalausgabe erschien 2004 unter dem Titel »Kiffe kiffe demain« bei Hachette Littératures, Paris.
Deutsche Ausgabe:

Erschienen im Ullstein Taschenbuch
in der Übersetzung von Anja Nattefort

Das Texte • **Medien** -Programm zu »Paradiesische Aussichten«:

978-3-507-47060-6 Textausgabe mit Materialien
978-3-507-47160-3 Arbeitsheft
978-3-507-47260-0 Informationen für Lehrerinnen und Lehrer

Informationen und Materialien im Internet:
www.schroedel.de/textemedien

ISBN 978-3-507-47060-6

Inhalt

Sprachkulturen

Hip-Hop

Faïza Guène

Paradiesische Aussichten ______ 2004

Heute ist Montag, und ich war bei Madame Burlaud, wie an jedem Montag. Madame Burlaud ist alt und hässlich, außerdem stinkt sie nach Läuseshampoo. Sie ist harmlos, aber manchmal mache ich mir ernsthaft Sorgen um sie. Heute zog sie einen Stapel mit seltsamen Abbildungen aus der untersten Schublade, die aussahen wie getrocknete Kotze. Sie fragte mich, woran die Bilder mich erinnerten. Als ich es ihr sagte, blickte sie mich mit ihren Glupschaugen an und wiegte den Kopf hin und her wie die nickenden Spielzeugdackel hinten im Auto.

Ich bin von der Schule zu ihr geschickt worden. Als meine Lehrer ausnahmsweise gerade mal nicht streikten, kamen sie auf die Idee, ich bräuchte psychologische Hilfe, weil sie mich so verschlossen fanden ... Vielleicht haben sie sogar recht, egal, ich geh halt hin, schließlich zahlt es die Krankenkasse.

Ich glaube, ich bin so, seit mein Vater weg ist. Er ist weit weg. Er ist nach Marokko zurückgekehrt, um eine andere Frau zu heiraten, die sicher jünger und fruchtbarer ist als meine Mutter. Nach mir hat meine Mutter nämlich keine Kinder mehr bekommen, obwohl sie es lange versucht hat. Wenn man bedenkt, dass viele Mädchen aus Versehen gleich beim ersten Mal schwanger werden … Papa wollte unbedingt einen Sohn. Für seinen Stolz, seinen Namen, die Ehre seiner Familie und wahrscheinlich noch aus vielen anderen blöden Gründen. Doch er bekam nur ein einziges Kind, und das war eine Tochter. Ich. Man kann sagen, dass ich nicht ganz den Vorstellungen des Kunden entsprach. Und leider läuft das nicht so wie im Supermarkt, einen Kundendienst wie bei Carrefour gibt es für solche Fälle nicht. Irgendwann hat mein Alter wohl begriffen, dass es zwecklos ist, weiter mit meiner Mutter herumzuprobieren, und ist abgehauen. Einfach so, ohne Vorwarnung. Ich weiß nur noch, dass ich mir gerade eine Folge der vierten Staffel von *Akte X* anschaute, die ich mir in der Videothek um die Ecke ausgeliehen hatte. Auf einmal fiel die Tür ins Schloss. Ich ging zum Fenster und sah ein graues Taxi davonfahren. Das war alles. Es ist jetzt über sechs Monate her. Die Frau aus dem Dorf, die er geheiratet hat, ist wahrscheinlich längst schwanger. Und wie es dann weitergeht, ist sonnenklar: Sieben Tage nach der Geburt werden sie das ganze Dorf zur Taufe einladen. Aus diesem Anlass wird ein aus alten Scheichs bestehendes Orchester anreisen und auf Trommeln aus Kamelleder spielen. Das wird ihn ein wahres Vermögen kosten – seine gesamte Rente von Renault. Und dann werden sie noch einem riesigen Schaf die Gurgel durchschneiden, wenn das Baby seinen Namen bekommt. Und zwar Mohamed. Da wette ich zehn zu eins.

Carrefour französische Supermarktkette

Scheich → Seite 247

Wenn Madame Burlaud mich fragt, ob mein Vater mir fehlt, sage ich »Nein«, aber das glaubt sie nicht. Schlau, schlau. Egal, alles halb so wild, meine Mutter ist ja da. Jedenfalls physisch. In Gedanken ist sie nämlich ganz woanders, noch weiter weg als mein Vater.

Vor einer guten Woche hat der Ramadan begonnen. Ich musste Mama eine Erklärung unterschreiben lassen, warum ich in nächster Zeit nicht in der Schulkantine esse. Als ich sie beim Direktor abgab, fragte er, ob ich mich über ihn lustig machen wolle. Er heißt Monsieur Loiseau, ist dick und blöd und stinkt nach billigem Fusel. Außerdem raucht er Pfeife. Nachmittags holt ihn seine ältere Schwester in einem spießigen roten Renault vor der Schule ab. Deshalb ist es ziemlich lächerlich, wenn er versucht, den autoritären Macker raushängen zu lassen.

Ramadan
→ Seite 247

Monsieur Loiseau vermutete, ich hätte den Brief selbst unterschrieben. Er peilt wirklich gar nichts: Bei einer Fälschung hätte da wenigstens eine richtige Unterschrift gestanden. Mama hatte nur eine zittrige Schlangenlinie hingekritzelt. Sie ist es nicht gewohnt, einen Stift zu halten. Aber darüber hat der Blödmann sich natürlich überhaupt keine Gedanken gemacht. Wahrscheinlich gehört er zu den Leuten, für die Analphabetismus so etwas ist wie Aids – das gibt es nur in Afrika.

Vor Kurzem hat Mama angefangen zu arbeiten. Sie ist Zimmermädchen in einem Hotel namens Formule 1 in Bagnolet, aber nur bis sie etwas anderes findet, was hoffentlich bald sein wird. Wenn sie spätabends nach Hause kommt, weint sie manchmal. Sie sagt, das sei die Erschöpfung. Während des Ramadan ist es noch härter, denn wenn das Fasten um 17.30 Uhr endet, ist sie noch bei der Arbeit. Sie muss sich Datteln in ihrer Bluse verstecken, damit sie dann wenigstens eine Kleinigkeit essen kann. Sie hat sich sogar extra eine Innentasche eingenäht, damit es nicht so auffällt. Wenn ihr Chef sie erwischt, kann sie was erleben.

Im Formule 1 in Bagnolet nennen sie alle »Fatma«. Sie wird die ganze Zeit angebrüllt und belauert, ob sie auch ja nichts aus den Zimmern klaut.

Dabei heißt meine Mutter gar nicht Fatma, sondern Yasmina. Anscheinend findet Monsieur Schihont es sehr komisch, alle Araberinnen Fatma zu nennen, alle Schwarzen Mamadou und alle Chinesen Ping-Pong. Es gibt so viele Idioten auf der Welt …

Monsieur Schihont ist Mamas Vorgesetzter. Er kommt aus dem Elsass. Manchmal wünschte ich, er würde in irgendeinem Keller verrecken und die Ratten würden sich über ihn hermachen. Mama schimpft, wenn ich so etwas sage. Sie sagt, man darf niemandem den Tod wünschen, nicht einmal seinem ärgsten Feind.

Einmal hat er sie so fies beschimpft, dass sie heulend nach Hause kam. Das letzte Mal, dass ich jemanden so habe weinen sehen, war in der Ski-Freizeit, als Myriam sich in die Hose gepinkelt hatte. Dieser Arsch von Monsieur Schihont dachte, Mama wolle sich über ihn lustig machen, weil sie seinen Namen mit ihrem Akzent *»Schihant«* ausspricht, was auf Französisch ungefähr so klingt wie »Monsieur Beschissen«.

Seit mein Alter abgehauen ist, geben sich bei uns die Tussis vom Sozialamt die Klinke in die Hand. Den Namen von der neuen habe ich schon wieder vergessen. Irgendwas wie Dubois, Dupont oder Dupré, jedenfalls einer dieser Namen, die unheimlich wichtig klingen. Ich finde sie voll blöd, sie lächelt die ganze Zeit, auch wenn es gerade total unpassend ist. Als wollte sie das Glücklichsein gleich für alle anderen ringsum mit übernehmen. Einmal hat sie mich gefragt, was ich davon halte, ihre Freundin zu werden. »Überhaupt nichts«, hab ich brutal geantwortet. Als ich Mamas bohrenden Blick in meinem Rücken spürte, ahnte ich, dass das wohl ein Fehler war. Wahrscheinlich hatte sie Angst, die Ämter würden uns nicht mehr helfen, wenn ich mich nicht mit ihrer beknackten Sozialtante anfreunde.

Vor Madame Dingsbums war es ein Mann. Doch, ihr Vorgänger war tatsächlich ein Kerl, ein Sozialarbeiter von der Stadt. Er sah aus wie Laurent Cabrol, der früher freitagabends auf TF1 *Die Nacht der Helden* moderiert hat. Leider haben sie die Sendung abgesetzt. Jetzt sieht man Laurent Cabrol nur noch ganz klein unten rechts auf Seite 30 der Fernsehzeitschrift, wo er in einem gelbschwarz gestreiften Polohemd Werbung für Heizungen macht. Egal, dieser Sozialarbeiter war ihm jedenfalls wie aus dem Gesicht geschnitten. Das komplette Gegenteil von Madame Sowieso. Er hatte keinen Funken Humor, lächelte nie und war angezogen wie Professor Bienlein aus *Tim und Struppi*. Einmal sagte er zu meiner Mutter, nach zehn Jahren in diesem Job sei es das erste Mal, dass er »Leute wie uns« mit einem Einzelkind kennenlernt. Ausgesprochen hat er es nicht, aber er meinte wohl »Araber«. Er fand unsere Wohnung mit dem vielen Nippeskram, den meine Mutter nach der Hochzeit aus Marokko mitgebracht hat, total exotisch. Weil wir zu Hause unsere spitzen Schlappen tragen, hat auch er gleich, als er die Wohnung betrat, seine Schuhe ausgezogen, um ja nichts falsch zu machen. Nur hatte er Alienfüße, sein zweiter Zeh war mindestens zehnmal so lang wie der dicke Zeh. Es sah aus, als wollte er in seinen Socken jemandem den

Tim und Struppi
→ Seite 247

Nippes
→ Seite 247

Stinkezeh zeigen. Ganz zu schweigen von dem Geruch! Er machte einen auf mitfühlend, aber das war alles nur Getue, sonst nichts. Wir waren ihm scheißegal. Im Übrigen hat er den Job als Sozialarbeiter auch kurze Zeit später an den Nagel gehängt und ist wohl aufs Land gezogen. Wer weiß, vielleicht macht er jetzt Käse. Er fährt mit seinem himmelblauen Kleinbus über die Dörfer des schönen alten Frankreich und verkauft nach der Sonntagsmesse Roggenbrot, Roquefort aus traditioneller Herstellung und getrocknete Salami.

Sie mag ja ziemlich doof sein, aber die Rolle der Sozialarbeiterin, die den Armen hilft, spielt Madame Dingenskirchen um Längen besser. Sie hat es so gut drauf, Interesse für unser Leben zu heucheln, dass man manchmal beinah drauf reinfällt. Mit ihrer Piepsstimme stellt sie mir immer eine Menge Fragen. Neulich wollte sie wissen, welches Buch ich in letzter Zeit gelesen hätte. Ich hab nur leicht mit den Schultern gezuckt, das sollte »Gar keins« heißen. In Wirklichkeit hab ich gerade ein Buch von Tahar Ben Jelloun durch, *Sohn ihres Vaters*. Es erzählt die Geschichte eines kleinen Mädchens, das als Junge aufwächst, weil es schon das achte Mädchen in der Familie ist und der Vater sich einen Sohn wünscht. Zu der Zeit, in der das Buch spielt, gibt es nämlich weder Ultraschall noch Verhütungsmittel. Und Rückgabe oder Umtausch sind wie immer ausgeschlossen.

Tahar Ben Jelloun
→ Seite 247

Was für ein beschissenes Schicksal. Das mit dem Schicksal ist sowieso völlig frustrierend, weil man nichts dran ändern kann. Du kannst tun, was du willst, am Ende hast du immer die Arschkarte. Meine Mutter sagt, mein Vater hat uns verlassen, weil es so geschrieben stand. Bei uns heißt das Mektoub. Das ist so was wie das Drehbuch eines Films, in dem wir mitspielen. Das Problem ist nur, dass unser Drehbuchautor nichts taugt. Ihm fallen keine schönen Geschichten ein.

Mektoub
Schicksal, von Allah vorherbestimmt

Meine Mutter hatte sich Frankreich vorgestellt wie in den Schwarz-Weiß-Filmen der sechziger Jahre. Überall hübsche junge Männer mit Zigarette im Mundwinkel, die ihren Freundinnen die Welt erklären. Ihre Cousine Bouchra und sie hatten einen Couscoustopf aus Aluminium in eine Antenne umfunktioniert und konnten damit französische Sender empfangen. Als sie dann im Februar 1984 mit meinem Vater in Livry-Gargan ankam, dachte sie, sie hätten das falsche Schiff erwischt und wären ganz woanders gelandet. Beim Betreten ihrer winzigen Zweizimmerwohnung musste sie sich erst einmal übergeben. Entweder die Nachwirkungen der Seekrankheit oder ein Vorzeichen ihrer Zukunft in diesem Kaff.

Couscous
→ Seite 247

Livry-Gargan
Stadt bei Paris

Als wir das letzte Mal in Marokko waren, fühlte ich mich völlig fehl am Platze. Ich erinnere mich noch an die alten tätowierten Frauen, die sich bei Hochzeiten, Taufen oder Beschneidungen neben Mama setzten. »Yasmina, deine Tochter wird bald eine Frau, weißt du? Du solltest dich allmählich nach einem Jungen aus guter Familie umsehen. Kennst du Rachid? Das ist der Schweißer …«

Diese alten Hexen. Und ob ich den kenne! Alle nennen ihn nur »Rachid den Trottel«. Schon die Sechsjährigen machen sich ungestraft über ihn lustig. Ihm fehlen vier Zähne, er kann nicht lesen, er schielt und er riecht nach Pisse. Aber so denken sie dort: Wenn sich zwei sanfte Hügel auf deiner Brust ankündigen, du immer schön brav den Mund hältst und Brot backen kannst, dann ist es höchste Zeit zu heiraten. Wahrscheinlich fahren wir sowieso nie wieder nach Marokko. Abgesehen davon, dass wir es uns nicht mehr leisten können, wäre es auch eine zu große Schande für Mama. Man würde mit dem Finger auf sie zeigen. Sie meint, sie allein trüge die Schuld an dem, was passiert ist. Für mich sind an der Sache zwei beteiligt: mein Vater und das Schicksal.

Man macht sich immer große Sorgen um die Zukunft, völlig unnötig, denn vielleicht hat man ja gar keine. Wer weiß schon, ob er erst in zehn Tagen, morgen oder im nächsten Augenblick ins Gras beißt. Das gehört zu den Dingen, die man nicht vorhersehen kann. Mit letzter Mahnung oder Aufschub ist da nichts. Anders als bei einer unbezahlten Stromrechnung. Wie bei unserem Nachbarn Monsieur Rodriguez aus dem zwölften Stock, der noch den Krieg mitgemacht hat. Der ist vor Kurzem gestorben. Er war alt, okay, aber unerwartet kam es trotzdem.

Ab und zu mache ich mir Gedanken über den Tod. Manchmal träume ich sogar davon. Eines Nachts nahm ich an meiner eigenen Beerdigung teil. Es war kaum jemand gekommen. Nur meine Mutter, Madame Burlaud, Carla, die Portugiesin, die in unserem Haus die Aufzüge putzt, Leonardo DiCaprio aus *Titanic* und meine Freundin Sarah, die nach Trappes gezogen ist, als ich zwölf war. Mein Vater war nicht da. Bestimmt musste er sich um seine Dorfmatrone kümmern, die mit seinem zukünftigen Momo schwanger ging, während ich, so was Blödes aber auch, gestorben war. Zum Kotzen. Ich bin sicher, sein Sohn wird strohdumm sein, noch dümmer als

Titanic
→ Seite 247

Rachid der Schweißer. Ich hoffe sogar, dass er humpelt, schlecht sieht und in der Pubertät überall Akne kriegt. Und in ihrem abgelegenen Kaff wird es weder Biactol noch Clearasil geben, um die Pickel wieder loszuwerden. Höchstens auf dem Schwarzmarkt, aber da muss man sich schon clever anstellen. Auf alle Fälle wird er ein Versager, das steht fest. In dieser Familie wird die Dummheit vom Vater auf den Sohn übertragen. Mit sechzehn wird er auf dem Markt Kartoffeln und Rüben verkaufen. Und wenn er auf seinem schwarzen Esel heimreitet, sagt er sich: »Ich bin echt ein toller Typ.«

Ich möchte später gern einen richtig coolen Job haben, ich weiß nur nicht genau was ... Das Problem ist, dass ich in der Schule keine Leuchte bin. Nur in Kunst bin ich so einigermaßen. Besser als nichts, aber für die Zukunft wird es mir wohl nicht viel bringen, getrocknete Blätter auf Zeichenpapier zu kleben. Ich habe jedenfalls keine Lust, an der Kasse einer Fast-Food-Kette zu landen, die ganze Zeit zu lächeln und die Kunden zu fragen: »Und zu trinken? Normal oder maxi? Zum Hieressen oder zum Mitnehmen? Für oder gegen Abtreibung?«

Und nachher muss ich mich von meinem Chef noch blöd anmachen lassen, nur weil ich einem nett lächelnden Kunden zu viel Pommes frites gegeben habe ... Aber wer weiß: Vielleicht wäre das ja der Mann meines Lebens gewesen. Ich hätte ihm einen Freundschaftspreis gemacht, er hätte mich ins Steakrestaurant eingeladen, um meine Hand angehalten, und wir wären in seiner schicken Fünfzimmerwohnung glücklich geworden.

Wir haben jetzt Gutscheine vom Sozialamt bekommen. Zum Glück, so muss ich wenigstens nicht zur Kleiderkammer in der Stadt gehen, das ist immer so peinlich. Als ich mal mit meiner Mutter da war, haben wir am Eingang Nacéra getroffen, diese alte Hexe. Die kennen wir schon lange. Wenn es uns ganz dreckig geht, leiht Mama sich Geld von ihr. Ich kann sie nicht leiden. Ihr fällt immer ausgerechnet dann wieder ein, dass wir ihr Kohle schulden, wenn jede Menge Leute dabei sind. Nur um meine Mutter zu blamieren. Diese Nacéra trafen wir also in der Kleiderkammer. Mama war das sehr unangenehm, aber die blöde Kuh schien sich regelrecht zu freuen.

»Na, Yasmina, bist du hier, um was zu holen?«

»Ja …«

»Ich bin hier, um was abzugeben!«

»Allah wird es dir vergelten.«

Pfff … Ich hoffe, Allah wird der alten Schachtel gar nichts vergelten, außer ihre Gemeinheit. Am Ende sind wir wieder nach Hause gefahren, ohne irgendwas mitzunehmen, weil meine Mutter nicht aus Versehen Klamotten von der dummen Ziege erwischen wollte. Dann hätte sie noch einen Grund mehr gehabt, ihr Maul aufzureißen, so nach dem Motto: »Huch, das ist ja mein Rock, den du da anhast!« Ich war stolz auf meine Mutter. Das ist echte Würde, so was lernt man nicht in der Schule.

Wo wir schon gerade beim Thema Schule sind: In Bürgerkunde muss ich einen Aufsatz über den Begriff »Respekt« schreiben. Das hat uns Monsieur Werbert als Hausaufgabe aufgedrückt. Für einen Lehrer ist der eigentlich ganz nett, aber ich rede nicht gern mit ihm, weil ich immer das Gefühl habe, ich tue ihm leid, und das mag ich nicht. Das ist wie in der Kleiderkammer, wenn wir die Alte um eine Plastiktüte für die Pullis bitten, die wir uns ausgesucht haben, und sie uns mit feuchten Augen ansieht. Dann haben wir jedes Mal große Lust, ihr die Pullis zurückzugeben und abzuhauen. Mit Monsieur Werbert ist es so ähnlich. Er hält sich für einen großen Wohltäter. Er sagt, ich kann immer zu ihm kommen, wenn mir danach ist … Nur für sein gutes Gewissen und damit er anschließend in einer megaschicken Pariser Bar seinen Kumpels erzählen kann, wie schwierig es ist, in der Banlieue zu unterrichten. Würg.

Banlieue
→ Seite 247

Was soll ich mir zum Thema »Respekt« schon groß aus den Fingern saugen? Den Lehrern sind die Hausaufgaben doch völlig egal. Ich bin sicher, dass sie da nicht mal reingucken. Sie schreiben einfach nach Gefühl irgendeine Note drunter, heften die Kopien ab und machen es sich wieder bei ihren beiden Kindern auf dem Ledersofa bequem: Pamela, zehn Jahre, die mit ihrer Spülmaschinen-Barbie spielt, und Brandon, der gerade seinen Popel frisst. Nicht zu vergessen Marie-Hélène, die soeben das Essen beim Partyservice bestellt hat, weil sie sich nicht aufraffen kann, das Abendbrot zuzubereiten, und gerade in der *Femme actuelle* einen spannenden Artikel über Haarentfernung mit Wachs liest. Na bitte, da hätten wir ja schon ein Beispiel für mangelnden Respekt. Haarentfernung mit Wachs ist schmerzhaft und Schmerzen zu verursachen ist ein Mangel an Respekt.

Aber ich will die Schule sowieso schmeißen. Ich hab die Nase voll. Mich ödet alles nur an und mit den Leuten da habe ich auch nichts am Hut. Eigentlich gibt es nur zwei Menschen, mit denen ich wirklich reden kann.

Cité du Paradis
→ Seite 247

Arthur Rimbaud französischer Dichter (1854–1891)

Dope Rauschgift

Madame Burlaud und Hamoudi, das ist einer von den Großen hier in der Cité du Paradis. Er ist wohl so um die achtundzwanzig, hängt den ganzen Tag in den Hauseingängen unserer Siedlung rum und kannte mich schon, als ich noch so klein war »wie ein Stück Shit«.

Hamoudi raucht einen Joint nach dem anderen. Er ist eigentlich immer auf irgendeinem Trip, und ich glaube, gerade darum mag ich ihn. Wir haben beide nicht viel übrig für den Rest der Welt. Wenn ich vom Einkaufen komme, unterhalten wir uns manchmal unten im Haus. Er sagt immer: »Nur fünf Minuten«, und dann reden wir doch wieder eine oder zwei Stunden lang. Vor allem er. Oft sagt er mir dann Gedichte von Arthur Rimbaud auf. Oder zumindest die paar Verse, an die er sich erinnert, denn das Dope ruiniert einem das Gedächtnis. Obwohl ich nicht viel davon verstehe, mag ich es, wenn Hamoudi mit den Gesten und dem Akzent eines Vorstadt-Rowdys Gedichte rezitiert.

Es ist ein Jammer, dass er nicht weiter zur Schule gegangen ist. Daran war das Gefängnis schuld. Er hat mir mal erzählt, dass er von seinen Kumpels in so eine dumme Sache reingezogen wurde, mehr will er dazu nicht sagen – »Dafür bist du noch zu jung.« Als er wieder rauskam, hat er einfach alles sausen lassen, obwohl er schon so weit gekommen war. Beinahe bis zum Abitur. Wenn ich dann sehe, wie die Bullen Hamoudi unten im Haus filzen und ihn »Idiot« oder »Abschaum« nennen, sage ich mir, dass diese Typen keine Ahnung von Poesie haben. Wäre Hamoudi ein bisschen älter, hätte ich ihn total gerne als Vater gehabt. Als er erfuhr, was bei uns los war, hat er lange mit mir geredet. Er baute seinen soundsovielten Joint und sagte: »Nichts ist so heilig wie die Familie.« Er weiß, wovon er redet: Er hat acht Geschwister und fast alle sind verheiratet. Aber Hamoudi sagt, er scheißt aufs Heiraten, wozu denn heiraten, das ist doch nur eine weitere Verpflichtung, als hätte man davon nicht schon genug. Recht hat er. Nur dass ich eh keine richtige Familie mehr habe, nur noch eine halbe.

Mir war langweilig, also beschloss ich, Metro zu fahren. Nur so, ohne Ziel, weil ich Metrofahren spannend finde. Es macht einfach Spaß, so viele Gesichter zu sehen. Ich bin die ganze Strecke der Linie 5 abgefahren, von einer Endstation zur anderen.

Metro U-Bahn

An einer der ersten Haltestellen stieg ein Rumäne mit einer abgewetzten Kunstlederjacke und einem grauen Hut ein. Er hatte ein dreckiges altes Akkordeon dabei, die Tasten, die er nie benutzte, waren ganz schmierig. Er spielte Stücke von früher, wie man sie in manchen französischen Filmen hört oder in den bescheuerten Dokumentationen, die spätabends im Fernsehen kommen. Das war nett, er hat unterwegs gut für Stimmung gesorgt. Selbst die verklemmtesten Fahrgäste haben heimlich mit dem Fuß gewippt. Außerdem unterstrich der Zigeuner noch jede Bewegung seines Instruments mit dem Kopf und grinste so breit, dass man all seine Zähne sah, zumindest die, die ihm noch geblieben waren. Er sah aus wie eine Zeichentrickfigur, ein bisschen wie die Katze aus *Alice im Wunderland*.

Alice im Wunderland → Seite 247

Ich stellte mir vor, dass er in einem Wohnwagen lebt, der Nachfahre einer großen Dynastie von Nomaden ist, die aller Herren Länder bereist haben; dass er vorübergehend auf einem improvisierten Campingplatz haust, irgendwo auf dem Brachland rings um Paris; dass er eine hübsche Frau namens Lucia (wie der Mozzarellakäse) hat, mit langem schwarzem Haar, das ihr in schönen Locken den Rücken hinunterfällt. Die beiden haben auf einem weiten Strand an der spanischen Küste geheiratet, an einem riesigen Lagerfeuer, dessen rote Flammen in der Nacht tanzten. So muss es gewesen sein. Wenn er in einen anderen Wagen umstieg, folgte ich ihm, um weiter die poetischen Klänge seines Akkordeons genießen zu können. Aber am Schluss wurde es dann ziemlich peinlich für mich. Er kam mit seinem Pappbecher voll Kleingeld auf mich zu und ich hatte nichts dabei. Also tat ich etwas ganz Schäbiges, was sonst nur Geizkragen tun, die nichts geben wollen. Als der gute Mann anrückte, wandte ich den Kopf ab, als würde ich ganz interessiert den Bahnsteig gegenüber betrachten. Und auf dem Bahnsteig gegenüber passierte in diesem Moment zufällig gar nichts.

Wenn ich im Mittwochslotto den Jackpot knacke, schenke ich ihm ein wunderschönes Wohnmobil mit allem Drum und Dran, das schönste auf dem ganzen Campingplatz. So eins, wie man sie beim Sonntagsfinale bei *Der Preis ist heiß* als Superpreis gewinnen konnte.

Und dann kaufe ich mir neue Handschuhe für den Winter, ohne Löcher, in meine zieht nämlich die kalte Luft rein. Der linke hat ein Loch am Mittelfinger. Eines Tages wird der mir noch mal Ärger machen. Und dann bringe ich Mama zur Maniküre. Als Madame Dingsbums, die Sozialarbeiterin, neulich davon sprach, wusste meine Mutter nicht mal, was das ist. Sie betrachtete ihre

Fingernägel, die von den Putzmitteln *made in Tschernobyl* ganz kaputt sind, und verglich sie mit denen von Madame Sowieso: super gepflegt, super gefeilt, super lackiert. Die hat vielleicht eine Show abgezogen! Sie kratzte sich sogar mit dem kleinen Finger am Augenwinkel und hatte dabei den Mund leicht geöffnet, wie im Fernsehen, wenn sich ein Mädchen die Wimpern tuscht. Nur um meiner Mutter, die nicht mal weiß, was Maniküre ist, ihre perfekten Nägel zu zeigen. Am liebsten hätte ich sie ihr einzeln ausgerissen.

Tschernobyl → Seite 248

Wie auch immer, als ich aus der Metro ausstieg, kam ich an zwei Pakistanis vorbei, die heiße Maronen und gebrannte Mandeln verkauften. Sie riefen immer dasselbe: »Heiße Maronen und gebrannte Mandeln zum Aufwärmen!« Das sangen sie mit ihrem pakistanischen Akzent ununterbrochen im Chor. Dieser Satz grub sich so in mein Gehirn ein, dass ich ihn noch abends, als ich für Mama Reis kochte, vor mich hersang.

Freitag. Mama und ich sind bei Tante Zohra zum Couscous eingeladen. Wir haben frühmorgens den Zug genommen, damit wir den ganzen Tag bei ihr verbringen können. Es ist ganz schön lange her, dass wir irgendwo eingeladen waren.

Tante Zohra ist nicht meine richtige Tante, aber weil Mama sie schon so lange kennt, nenne ich sie aus Gewohnheit so. Früher waren sie immer zusammen beim Schneidern. Dann ist Tante Zohra nach Mantes-la-Jolie umgezogen. Meine Mutter hatte sich zu dem Nähkurs am Mittwochnachmittag angemeldet, weil dort praktisch nur Frauen aus dem Maghreb teilnahmen und sie diese

Maghreb → Seite 248

Plauderstündchen hinter den Singer-Nähmaschinen aus den Achtzigern ein bisschen an ihr Dorf erinnerten.

Tante Zohra hat große grüne Augen und lacht die ganze Zeit. Sie kommt aus dem Westen von Algerien, aus der Gegend von Tlemsen. Dazu gibt es eine lustige Geschichte: Sie kam am 5. Juli 1962 auf die Welt, dem Unabhängigkeitstag Algeriens. In ihrem Dorf war sie jahrelang das Symbol der Freiheit. Sie war das Baby, das Glück brachte, deshalb wurde sie auch Zohra genannt. Das heißt »Glück« auf Arabisch.

Ich mag sie sehr, denn sie ist eine richtige Frau. Eine starke Frau. Ihr Mann war früher beim Hoch- und Tiefbau und hat in seiner Heimat eine zweite Frau geheiratet, nun lebt er sechs Monate dort unten und sechs Monate in Frankreich. Ist das eine neue Mode oder was? Sobald die alten Knacker in Rente gehen, beginnen sie ein neues Leben und heiraten eine Jüngere. Der einzige Unterschied ist, dass der Mann von Tante Zohra Maß zu halten weiß. Er spielt wenigstens den Teilzeitgatten …

Tante Zohra scheint es nicht viel auszumachen, ihren Mann nur sechs von zwölf Monaten zu sehen. Sie sagt, ohne ihn hat sie ihre Ruhe und kann sich amüsieren. Und dann flüsterte sie Mama noch kichernd zu, ein Mann in diesem Alter sei ohnehin zu nichts mehr zu gebrauchen. Erst hab ich nicht verstanden, was sie meinte. Dann konnte ich es mir denken.

Ich hab mich ein bisschen zu den Söhnen von Tante Zohra gesetzt, Réda, Hamza und Youssef. Sie haben fast nur mit dem Computer gespielt, und zwar so Spiele, wie man sie in Reportagen über »Kinder und Gewalt« sieht.

Im Wesentlichen ging es darum, mit dem Auto einen Geschwindigkeitsrekord hinzulegen und nebenbei möglichst viele Fußgänger plattzumachen. Bei Kindern oder alten Damen gab es Bonuspunkte. Ich kenne die Jungs, seit ich klein bin, aber jetzt rede ich kaum noch mit ihnen. Deshalb war die Atmosphäre etwas angespannt, wir hatten uns nichts zu sagen. Sie haben sich sogar ein bisschen über mich lustig gemacht. Sie verglichen mich mit Bernardo aus *Zorro*, dem Kleinen, der ziemlich blöd aussah und Zorro jedes Mal mit Handzeichen warnte, wenn irgendwo eine Gefahr lauerte. Der arme Kerl war stumm.

Zorro
→ Seite 248

Zwischendurch hörte ich Mama und Tante Zohra über meinen Vater sprechen. Mama sagte, für das, was er seiner Tochter angetan habe, käme er zur Strafe nicht ins Paradies. Meiner Ansicht nach kommt er auch für das, was er Mama angetan hat, nicht ins Paradies. Der Türsteher vom Paradies wird ihn nicht reinlassen. Er wird ihn gleich wieder wegschicken. Es nervt mich, dass sie immer noch über ihn reden. Er ist nicht mehr da. Wir sollten ihn ein für alle Mal vergessen und Schluss.

Das Besondere an Tante Zohras Couscous sind die Kichererbsen und die leckere Art, wie sie den Grieß zubereitet. Ich finde Tante Zohra sehr lustig. Sie ist schon über zwanzig Jahre in Frankreich und spricht immer noch so, als wäre sie erst vor einer Woche auf dem Flughafen von Orly gelandet.

Kichererbsen
→ Seite 248

Einmal, es ist schon lange her, erzählte sie meiner Mutter, sie habe Hamza beim »Krater« angemeldet. Mama verstand kein Wort. Ein paar Tage später brach sie zu Hause plötzlich in schallendes Gelächter aus, als ihr dämmerte, was Tante Zohra ihr hatte sagen wollen: Sie hatte

Molière französischer Dramatiker (1622–1673)

Hamza beim Karate angemeldet … Selbst ihre eigenen Söhne lachen über sie. Sie sagen, sie macht einen Remix aus der Sprache Molières, und nennen sie »DJ Zozo«.

Als es Abend wurde, brachte Youssef uns mit dem Auto nach Hause. Er legte eine Kassette mit Rap ein und auf der ganzen Fahrt sprach niemand ein Wort. Mama sah nachdenklich aus. Sie hatte den Kopf zum Fenster gewandt und starrte ins Leere. Wenn wir anhielten, betrachtete sie die rote Ampel, ohne den Blick abzuwenden. In Gedanken war sie wohl wieder mal ganz woanders.

Youssef fährt schnell, er ist groß und er ist sehr schön.

Als wir klein waren, gingen wir in dieselbe Grundschule; er verteidigte mich immer, weil ich keinen Bruder hatte und er »einer von den Großen« war. Ich erinnere mich, dass wir zusammen die Aktion »Ein Reiskorn rettet ein Leben« durchführten, als in den Neunzigerjahren in Somalia eine Hungersnot herrschte. Er hatte mir eingeredet, dass dieser Slogan wahr wäre und dass jedes Reiskorn, das wir dorthin schickten, tatsächlich ein Menschenleben rettete. Ich war überglücklich, mit der 500-Gramm-Tüte Reis, die Mama mir gekauft hatte, so viele Leben gerettet zu haben. Es hätte nicht viel gefehlt und ich hätte die einzelnen Reiskörner in der Tüte nachgezählt, um genau zu wissen, wie viele Somalier dank meiner Großzügigkeit nicht verhungern mussten. Ich hielt mich für Wonderwoman. Aber seine Geschichte war natürlich gelogen. Das nehme ich ihm heute noch übel … Ich habe übrigens nie erfahren, ob meine Reistüte jemals ihren Bestimmungsort erreicht hat.

Als wir vor unserem Haus ankamen, bedankte Mama sich bei Youssef und er fuhr gleich wieder los. Unser

Hausmeister scheint sich nicht groß um den Zustand der Gebäude zu kümmern. Zum Glück macht Carla, die portugiesische Putzfrau, ab und zu ein bisschen sauber. Aber wenn sie nicht kommt, ist es wochenlang richtig widerlich. So wie neulich, da hatte jemand in den Aufzug gepinkelt und gerotzt, und es stank tierisch, aber wir waren froh, dass er überhaupt funktionierte. Zum Glück wissen wir, wo sich die Tasten für die einzelnen Stockwerke befinden, denn das Schild ist völlig zerkratzt und zerschmolzen. Irgendwer hat es mit dem Feuerzeug angekokelt.

Der Hausmeister ist offenbar ein Rassist. Das sagt jedenfalls Hamoudi. Keine Ahnung, ich habe nie ein Wort mit ihm gewechselt. Ich finde ihn ein bisschen unheimlich. Er kneift immer die Augenbrauen zusammen, sodass es aussieht, als hätte er eine Elf mitten auf der Stirn.

Hamoudi hat mir erzählt, dass er vor langer Zeit, bevor er Hausmeister in unserem Block wurde, in Algerien im Krieg war, in der Heimat von Tante Zohra. Vielleicht hat er deshalb keine Ohrläppchen mehr und an der linken Hand keinen Daumen. Für ihn ist der Krieg wohl immer noch nicht vorbei, und ich glaube, für viele andere Leute in diesem Land ist das auch so …

Algerienkrieg
→ Seite 248

Madame Burlaud hat mir da so eine Sache vorgeschlagen: Ich soll an einem Skiurlaub teilnehmen, den die Stadt organisiert. Sie hörte gar nicht davon auf, meinte, das würde mir guttun, ich würde viele neue Leute kennenlernen und mal Abstand von diesem Viertel bekommen. Das könnte mir helfen, mich ein bisschen zu öffnen.

Ich will da nicht mitfahren, ich hab keine Lust, meine Mutter allein zu lassen, auch wenn es nur für eine Woche ist. Und dann auch noch eine Gruppenreise, mit Leuten, die ich mir nicht selber aussuchen kann – kommt gar nicht in Frage! Schon die Fahrt würde ich im Traum nicht machen wollen. Acht Stunden in einem nach Kotze stinkenden Bus, in dem Hits aus den Achtzigern gegrölt werden und der jede halbe Stunde eine Pinkelpause einlegt, nein danke!

Erst dachte Madame Burlaud, ich wollte wegen des Geldes nicht mitfahren. »Darüber haben wir doch schon geredet. Deine Mutter wird das nichts kosten, da musst du dir keine Sorgen machen …« Skifahren ist doch scheiße. Das sieht aus, als würde man im Stehen eine Rutschbahn runtersausen, mit einer Mütze und einem grellen, engen Anzug an. Das weiß ich, weil ich im Fernsehen mal Skiwettrennen gesehen habe.

Madame Burlaud fährt bestimmt jedes Jahr in den Skiurlaub, aber ohne Ski zu fahren. Dann sitzt sie mit ihrer rosafarbenen Bommelmütze auf der Terrasse, trinkt eine heiße Schokolade und sonnt sich, während ihr Mann mit einer Wegwerfkamera Fotos knipst. Hat sie überhaupt einen Mann? Die Frage habe ich mir nie gestellt. Das ist ja das Ätzende an Psychologen, Psychiatern, Psychoanalytikern und allen anderen, die mit »Psy« anfangen: Sie wollen, dass du ihnen dein ganzes Leben erzählst, aber selber verraten sie dir nichts. Madame Burlaud weiß Sachen über mich, von denen nicht mal ich etwas ahne. Da vergeht einem echt die Lust, mit ihnen zu reden. Das ist doch nicht fair.

Unsere Sozialarbeiterin ist da ganz anders, die lässt sich nicht lange bitten, einem ihr Leben zu erzählen. Mama hat mir gesagt, dass sie bald heiratet. Keine Ahnung, warum sie ihr das unbedingt auf die Nase binden musste. Es interessiert uns einen Scheiß, dass sie heiratet. Prima, schön für sie, wir haben es begriffen, kein Grund, so einen Zirkus zu veranstalten. Andererseits könnte das ja der Grund sein, warum sie die ganze Zeit lächelt. In Zukunft wird mich das nicht mehr ganz so nerven.

Wer weiß, vielleicht bin ich ja nur neidisch. Als ich klein war, habe ich meinen Barbiepuppen die Haare ausgerissen, weil sie blond waren, und die Brüste habe ich ihnen auch abgeschnitten, weil ich noch keine hatte. Dabei waren es nicht einmal echte Barbies, sondern nur billige Kopien, die meine Mutter bei Giga Store für mich kaufte. Der totale Schrott. Nach zwei Tagen sahen sie aus wie Kriegsversehrte. Sogar ihr Name war kacke: Françoise. Nicht gerade ein Name, bei dem kleine Mädchen ins Träumen geraten! Françoise heißen die Puppen von kleinen Mädchen, die keine Träume haben.

Als ich jünger war, träumte ich davon, einen Typen zu heiraten, neben dem alle anderen wie Schlappschwänze wirken. Ich wollte keinen von diesen Normalos, die zwei Monate für den Aufbau eines Ikearegals oder die Fertigstellung eines fünfundzwanzigteiligen Puzzlespiels »ab 5 Jahren« brauchen. Ich sah mich eher an der Seite von MacGyver. Bei einem Typen, der in der Lage ist, ein verstopftes Klo mit einem Plastikstrohhalm oder den Fernseher mit einem Kuli zu reparieren, und der dir mit einem einzigen Atemhauch eine Föhnfrisur verpasst. Ein Schweizer Messer in Menschengestalt.

MacGyver
→ Seite 248

Ich wünsche mir eine Superhochzeit, eine Wahnsinnszeremonie, ein weißes Kleid aus Spitze, einen schönen Schleier und eine Schleppe von mindestens fünfzehn Metern. Überall stehen Blumen und weiße Kerzen. Hamoudi soll mein Trauzeuge sein, und die drei kleinen Schwestern von der Elfenbeinküste, die immer unten vor dem Haus Gummitwist springen, die Brautjungfern.

Das einzige Problem ist, dass mich dieser Vollidiot von Vater zum Altar führen müsste. Und da er im entscheidenden Moment nicht erscheinen wird, müssen wir das Ganze abblasen. Die Gäste nehmen ihre Hochzeitsgeschenke wieder mit und packen sich am Buffet was für zu Hause ein. Ist auch egal, bevor ich mir Gedanken um die Hochzeit mache, muss ich ohnehin erst mal einen Bräutigam finden.

In unserer Generation haben wir das Glück, selber aussuchen zu können, wen wir unser Leben lang lieben wollen. Oder ein Jahr lang. Kommt auf das Paar an. Ich habe neulich im Fernsehen so ein Magazin gesehen, in dem es um das Thema Scheidung ging. Der Moderator sagte, dass sich immer mehr Paare trennen. Also, wenn man mich fragt, sind daran nur Serien wie *Reich und schön* schuld. Da heiraten alle mindestens einmal quer untereinander, wenn nicht zweimal. Das sind unglaubliche Geschichten. Meine Mutter verfolgt dieses Durcheinander seit der ersten Staffel. Die Mädels hier aus der Siedlung verpassen auch keine Folge. Sie treffen sich in der Grünanlage, um sich die Episoden zu erzählen, falls eine von ihnen etwas versäumt hat. Schlimmer als die peinliche Phase mit den Boygroups, auf die wir früher alle abgefahren sind. Ich weiß noch, dass mir eine Freundin ein Poster von Filip von den *2 Be 3* geschenkt hat, das sie in einer Zeitschrift gefunden hatte. Ich war überglücklich und pinnte es in meinem Zimmer an die Wand. Auf dem Foto sah Filip verdammt gut aus, er hatte ultraweiße Zähne, fast durchsichtig, und weil er obenrum nichts anhatte, sah man seinen gebräunten Waschbrettbauch, wie in den Zeichentrickfilmen. Am Abend kam mein Vater ins Zimmer. Er regte sich tierisch auf, riss das Poster von der Wand und brüllte: »So was will ich in meinem Haus nicht haben, das ist Teufelswerk, da steckt der Satan drin!« Den Teufel hatte ich mir anders vorgestellt, aber gut … Danach hing nur noch ein kleines Stück Poster mit der linken Brustwarze von Filip an der kahlen Wand.

Das Schuljahr ging genauso schlecht zu Ende, wie es angefangen hat. Zum Glück kann meine Mutter nicht lesen. Ich meine, wegen der Noten in meinem Zeugnis … Wenn mich irgendwas nervt, dann sind es Lehrer, die in ihrer Beurteilung auch noch originell sein wollen. Resultat: eine beknackter als die andere … Die blödeste, die ich je bekommen habe, war die von Nadine Benbarchiche, die Physik und Chemie unterrichtet: »Miserabel, zum Verzweifeln, diese Schülerin treibt einen zur Kündigung oder in den Selbstmord.« Sie meinte es sicher lustig. Ich finde, sie hat ein bisschen dick aufgetragen. Gut, ich bin keine Leuchte, aber man muss ja nicht gleich übertreiben. Was soll's, die Frau ist sowieso absolut daneben: Sie trägt Stringtangas. Ansonsten bekomme ich immer wieder dieselben Beurteilungen: »wirkt abwesend« oder »scheint in Gedanken woanders« oder, was schlimmer ist, herzzerreißende Appelle wie »Kommen Sie zurück auf die Erde!«. Die Einzige, die mal was Nettes geschrieben hat, war Madame Lemoine, meine Zeichenlehrerin, Verzeihung: Lehrerin für Kunsterziehung. Sie bescheinigte mir »ein gewisses gestalterisches Talent« … Ja, gut, das hat nicht viel zu sagen, aber trotzdem fand ich es nett.

Trotz meines gestalterischen Talents schlug eine Freundin meiner Mutter vor, ihr Sohn könnte mir bei den Hausaufgaben helfen. Sie war überzeugt, dass ich dann nur noch gute Noten hätte, weil ihr Sohn Nabil ein Genie ist. Ich habe festgestellt, dass das viele arabische Mütter von ihren Söhnen denken. Aber Nabils Mutter geht wirklich zu weit. Sie hält ihn für den Einstein der Pariser Bronx und sagt das auch jedem, der es nicht hören will. Er bildet sich Gott weiß was drauf ein, dass er eine Brille trägt und ein bisschen was von Politik versteht. Wahrscheinlich kann er gerade mal eben zwischen links und rechts unterscheiden. Zum Glück hat meine Mutter nicht gleich zugesagt. Sie benutzte den *Inschallah*-Joker. Das heißt weder ja noch nein. Die eigentliche Übersetzung lautet: »Wenn Allah es will«. Aber ob Allah es will oder nicht, weiß man nie so genau …

Bronx
→ Seite 248

Inschallah
→ Seite 248

Nabil ist eine Null. Er hat Akne, und als er kleiner war, ließ er sich in der Schule immer das Pausenbrot wegnehmen. Das geborene Opfer. Ich mag lieber Helden, wie in den Filmen, Männer, von denen alle Mädchen träumen … Al Pacino hat sich bestimmt nicht sein Pausenbrot klauen lassen. Eher zieht der die Maschinenpistole und jagt dir den Daumen weg, so dass du abends vor dem Einschlafen nicht mehr dran nuckeln kannst. Finito.

Al Pacino US-amerikanischer Schauspieler

Seit ein paar Wochen kommt also Nabil hin und wieder zu Besuch, um mir bei den Hausaufgaben zu helfen. Der Kerl redet wie ein Wasserfall! Er glaubt, er hätte von allem Ahnung. Letztes Mal hat er sich über mich krankgelacht, weil ich *Zadig* für eine Reifenmarke hielt. Wer liest schon freiwillig Voltaire? Eine Dreiviertelstunde hat er sich darüber amüsiert ... Als er merkte, dass ich das überhaupt nicht komisch fand, meinte er: »He, halb so wild, ist doch nicht schlimm, es kann ja nicht nur Intellektuelle geben ...« Sehr witzig. Seine Mutter hat ihn mir wahrscheinlich aufgedrückt, weil sie ihn loswerden wollte ...

Zadig
→ Seite 248
Voltaire
→ Seite 248

Na ja, aber ich gewähre Nabil mildernde Umstände: Jeden Tag so eine Mutter um sich zu haben, ist bestimmt nicht einfach. Sie hängt ihm ständig auf der Pelle. Erst dachte ich, sein Vorname wäre »Mainsoon«, weil sie das die ganze Zeit sagte und ihm dabei den Kopf tätschelte. Vermutlich belauert sie ihn von morgens bis abends und will alles über seine Freundinnen, sein Liebesleben und so weiter wissen. Na gut, er hat kein Liebesleben, aber trotzdem ist es das Letzte. Als er noch kleiner war, kam sie sogar in der Schulpause, um ihm Butterkekse durch den Zaun zu reichen. Hier in der Siedlung sagen alle, dass bei ihnen zu Hause der Vater die Mutter ist, und machen sich dauernd über ihn lustig: »He, Nabil! Dein Vater wäscht Geschirr ab und deine Mutter hat die Hosen an!«

Ist euch was aufgefallen? Ich mache es schon genauso wie die Rechtsanwälte in den amerikanischen Filmen. Wenn die einen Serienmörder verteidigen, der Frauen vergewaltigt und zerstückelt hat, erzählen sie erst mal seine ganze unglückliche Kindheit. Dann kriegen die

Richter fast Mitleid mit ihm und vergessen, dass immer noch der Oberschenkel von Olivia, sechzehn Jahre, in seiner Tiefkühltruhe liegt …

Ganz im Gegenteil, ich finde, gerade Nabil müsste besonders nett zu anderen Menschen sein. Eben weil seine Mutter sein Leben so versaut hat und er mit elf die Biografie von Jesus lesen musste.

Ich weiß nicht, ob ich später mal Kinder haben will oder nicht. Jedenfalls würde ich sie niemals zwingen, die Biografie von Jesus zu lesen, sie müssten auch nicht ihren Teller leer essen oder alten Leuten »Guten Tag« sagen, wenn sie keine Lust dazu haben.

Wie gesagt, falls ich überhaupt Kinder kriege. Unser Biologielehrer hat uns in der neunten Klasse nämlich Bilder von einer Geburt gezeigt, das hat mich ernsthaft abgeschreckt.

Letzten Montag habe ich mit Madame Burlaud darüber gesprochen, aber in dieser Sitzung war sie irgendwie komisch. Sie hörte gar nicht richtig zu und sah besorgt aus. Ich frage mich, ob sie zu einem Psychologen geht. Das sollte sie, es würde ihr guttun …

Außerdem dreht sie gerade wirklich ein bisschen ab. Sie lässt mich mit Knete spielen. Die Figuren, die ich herstelle, haben mit nichts Ähnlichkeit, aber sie ist ganz aus dem Häuschen: »Ah ja, das ist ja sehr interessant!«

»Sehr interessant« … was heißt das schon? Eine blöde Sache kann wegen ihrer Blödheit interessant sein. Das ist nur wieder so ein Trick. Andererseits mag ich gerade das an Madame Burlaud: dass sie niemals urteilt. Sie nimmt einen immer ernst, sogar wenn man aus lilafarbener Knete ein Hochhaus formt.

Dann haben wir uns noch über eine Neuigkeit in meinem Leben unterhalten: Ich hatte meine erste Menstruation. Ehrlich gesagt war ich im Vergleich zu den anderen Mädchen meiner Klasse spät dran. Die Krankenschwester in der Schule sagt, das wäre Veranlagung. Veranlagung heißt, deine Mutter ist schuld. Mama bekam ihre Menstruation auch erst mit fünfzehn. Das muss ihr ganz recht gewesen sein, in ihrem Kaff gab es nicht einmal Damenbinden. Früher dachte ich, Menstruationsblut wäre blau, wie in der Werbung von Always, die immer läuft, wenn man gerade beim Abendessen sitzt.

Madame Burlaud hat mir viele Fragen gestellt. Sie schien regelrecht besessen von dem Thema Menstruation. Hat sie nie eine gehabt oder was?

Sie erklärte mir, dass viele junge Mädchen ihre erste Monatsblutung als traumatisch erleben. Sie erklärte mir auch, dass die Menstruation nur der Anfang eines Entwicklungsschubs sei, dass ich Wachstumsschmerzen in den Brüsten bekommen würde und Pickel im Gesicht. Toll! Warum nicht gleich auch noch fettige Haare, einen unförmigen Körper und stumpfe Augen, wie alle Jugendlichen? Dann kann ich ja gleich aus dem Fenster unserer Sozialwohnung springen!

Mir ist aufgefallen, dass man sich immer damit tröstet, dass es anderen noch schlechter geht als einem selbst. An jenem Abend habe ich mich damit aufgerichtet, dass ich an den armen Nabil dachte.

Jedes Jahr bereiten sich die Leute schon lange Zeit vorher auf das Straßenfest von Livry-Gargan vor. Die Eltern, die Kinder und vor allem die Tratschtanten aus dem Viertel, denn Anlass zum Klatschen bietet die Kirmes mehr als genug.

Es gab wieder eine Menge Spielbuden für Kinder, an den Fressständen roch es nach frischem Pfefferminztee und arabischem Gebäck, nach Pommes frites und gegrillten Merguez von Élie, einem Jugendbetreuer aus dem Viertel. Es gab auch eine Bühne für Musikgruppen, die nacheinander auftraten. Jugendliche aus der Siedlung legten eine Rap-Vorstellung hin. Sie hatten sogar ein paar Mädchen dabei, die mitsangen. Gut, sie begleiteten sie nur bei zwei kurzen Sätzen im Refrain, und in der übrigen Zeit hüpften sie herum, die Arme in der Luft. Aber immerhin. Ein Schritt in Richtung Gleichberechtigung …

Merguez scharf gewürzte Bratwurst aus Nordafrika

Mama hat mich dazu gezwungen, an den Angelstand zu gehen. Um ihr eine Freude zu bereiten, habe ich es gemacht, aber es war die Hölle. Durchschnittsalter der anderen Spieler: 7,3 Jahre. Das Einzige, was ich angeln konnte, war eine zerknautschte einäugige Puppe mit roten Flecken.

Danach gingen Mama und ich uns Cheb Momo ansehen. Seit 1987 tritt er hier jedes Jahr mit demselben Musiker, demselben Synthesizer und natürlich denselben Liedern auf. Das ist gar nicht mal schlecht, so kennt wenigstens jeder irgendwann die Lieder auswendig, selbst Leute, die kein Wort Arabisch verstehen. Außerdem ist schön, dass bei Cheb Momo noch alles im Originalzustand ist, zum Beispiel seine schwarze Jacke mit den goldenen Pailletten. Er spielt den Schönling, und es funktioniert! Jedes Jahr geraten die Mädels wieder ins Schwärmen.

Auf der Kirmes lief mir Hamoudi über den Weg. Als ich ihn begrüßen wollte, sah ich, dass er ein Mädchen dabeihatte. Ich lächelte ihr zu, wie man es macht, wenn man sich aufrichtig freut, jemanden zu sehen, dabei war das Gegenteil der Fall. Hamoudi grinste mich mit seinen schlechten Zähnen an und sagte: »Doria, ähm … das ist Karine … äh … Karine, das ist Doria.«

Er hörte sich total bescheuert an, als wäre er plötzlich um dreißig Jahre gealtert. Dann trug er auch noch ein furchtbar hässliches Hawaiihemd. Ich hatte das Gefühl, ich wäre in die Familiensaga hineingestolpert, die sonntags im Fernsehen läuft. Ich war völlig durcheinander. Ich sah also das Mädchen an und sagte prompt: »Hallo, Karim …«

Mir war gar nicht klar, was ich da sagte. Die beiden starrten mich mit großen Augen an. Sie sahen aus wie Pokémonfiguren.

Ich machte mich lieber wieder auf die Suche nach Mama, und zum ersten Mal sind wir bis zum Ende der Kirmes geblieben. In den Jahren zuvor hatte Papa uns immer aufgegabelt und nach Hause gebracht, weil er nicht wollte, dass wir uns herumtreiben. Ich durfte mir dann das Ende der Kirmes vom Wohnzimmerfenster aus ansehen.

Die Sache mit Hamoudi hat mich traurig gemacht. Ich war schon beunruhigt gewesen, weil er eine Zeit lang wie vom Erdboden verschluckt war. Darüber hatte ich sogar mit Madame Burlaud gesprochen. Und dann erscheint er auf der Kirmes mit so einer blonden Schlampe am Arm, die auf Stöckelschuhen von achtunddreißig Zentimetern herumeiert und Karim heißt. Vor dem Einschlafen gingen mir traurige Melodien durch den Kopf wie in den

Werbespots von Lebensversicherungen. Außerdem hatte Hamoudi sich sorgfältig rasiert, roch nach Toilettenspray mit Lavendelduft und hatte nicht mal rote Augen. Er war ganz anders als sonst. Diese dumme Gans von Karim hat ihn total verändert. Wer weiß, vielleicht beherrscht sie schwarze Magie, irgendwie finde ich sie unheimlich. Vor allem, wie sie sich das Make-up ins Gesicht gekleistert hat. Wirklich sehr suspekt.

suspekt verdächtig, fragwürdig, zweifelhaft

Meine Mutter hat mir Geschichten aus Marokko erzählt, wo der Aberglaube manchmal ganz schön für Panik sorgte. Als sie jung war, hat sich eine ihrer Nachbarinnen einen Monat vor ihrer Hochzeit im Souk die Zukunft voraussagen lassen. Danach verlor sie alle Haare und die Hochzeit musste abgesagt werden. Mit so was ist nicht zu spaßen.

Souk → Seite 248

Das kann jedem passieren. Schließlich hat jeder irgendwo jemanden, der ihm Böses will … Vielleicht hat Madame Burlaud ihre Filzstifte und ihre Knete verhext, damit ich nie im Leben glücklich werde und weiter jeden Montag um 16.30 Uhr zu ihr komme, bis zu meinem Tod.

Das erinnert mich an was. Letztes Jahr hab ich die kleinen Zettel der Wahrsager gesammelt, die man an den Rolltreppen der Metro von den Hindus in die Hand gedrückt bekommt. Andere Leute sammeln Briefmarken, Postkarten oder Korken. Ich sammelte Wahrsageranzeigen.

Hindus Angehörige der Religion des Hinduismus

Monsieur Kaba
Internationale Erfahrung und Reputation.
Seriös, effektiv, schnell, diskret.

Löst sämtliche Probleme, weckt und verstärkt Gefühle der Zuneigung, der Liebe, der Achtung, eheliche Treue, sozialen Aufstieg, Führerschein, Glück, Erfolg …

Sprechstunde Montag bis Freitag von 8 bis 21 Uhr.

** Keine Erfolgsgarantie – Erstberatung: 35 Euro*

Wenn das stimmen würde, wären wir alle glücklich, und Leute wie Madame Burlaud oder Madame Dingenskirchen, die Sozialarbeiterin, hätten keine Arbeit mehr.

Ich bin sicher, dass Karim, die Blondine, sich von Typen wie Monsieur Kaba beraten lässt. So ein Mädchen kann Hamoudi überhaupt nicht gebrauchen, er sieht jetzt aus wie diese tadellosen Schleimer mit Gelfrisur, die den Leuten an der Tür Enzyklopädien andrehen wollen. Ich kenne Hamoudi. Es passt überhaupt nicht zu ihm, tadellos zu sein.

Enzyklopädien **Nachschlagewerke**

Ich lag im Bett und las in einem der Bücher, die ich unten im Haus in einem Karton gefunden habe. Vergammelte Schinken, die ich normalerweise nie anrühren würde. Kitschromane im Stil von Barbara Cartland, aber der untersten Preisklasse, mit herzzerreißenden Bildern auf dem Umschlag: ein Mann und eine Frau in leidenschaftlicher Umarmung, zwei Vollidioten vor einer Traumkulisse, wie auf den Fotos im Reisekatalog von Tati Vacances. Wenn man so ein Buch in der Metro lesen will, muss

Tati Vacances **ein Reiseunternehmen**

man es vorher in Packpapier einwickeln, sonst lacht sich der arrogante fette Kerl gegenüber, der mit offenem Mund überlegen seinen *Figaro* liest, über dich kaputt.

Le Figaro französische Tageszeitung

Das Buch, das ich mir ausgesucht hatte, heißt *Liebesrausch in der Sahara*, und ich muss gestehen, dass ich es in einer Nacht verschlungen habe. Es erzählt die Geschichte des Wüstennomaden Steve – schon an dieser Stelle ist klar, dass alles erstunken und erlogen ist –, und dieser Steve rettet eine junge rothaarige Lehrerin, die im Urlaub mit ihrem Dromedar verunglückt ist. Der Typ sieht aus wie Rachid und heißt Steve, aber das kümmert sie gar nicht. Sie verliebt sich in diesen Kerl, dem sie zwischen zwei Dünen begegnet und den sie überhaupt nicht kennt. Total dämlich und unglaubwürdig, voller Klischees, aber man glaubt es eben. Am Ende identifiziert man sich sogar mit dieser Geisteskranken, die unter Fieberschüben und Halluzinationen leidet, weil sie vom Kamel gestürzt ist.

Als ich gestern für Mama die Miete bezahlte, erzählte mir die Frau des Hausmeisters – das ist die Frau, die sich 1974 von ihrem Friseur eine Dauerwelle hat machen lassen, die immer noch hält –, dass eine neue Mieterin in unserer Siedlung einen Babysitter für ihre Tochter sucht. Wenn ich Interesse daran hätte, könnte ich doch zu ihr gehen und ihr meine Hilfe anbieten.

»Würdest du nicht gern ein bisschen Geld verdienen?«

Ich fand es nett, dass sie an mich gedacht hat, stimmt doch, sie hätte es ja auch irgendeinem anderen Mädchen aus dem Viertel vorschlagen können, aber sie hat an mich gedacht. Ich nehme alles zurück, was ich je über sie gesagt habe, ihre Dauerwelle und so …

»Dann kannst du dir genauso schöne Anziehsachen kaufen wie die anderen Mädchen in deinem Alter, nicht wahr?«

In dem Moment wusste ich nicht so richtig, wie ich das verstehen sollte. Fast hätte ich darüber Nasenbluten bekommen. Sogar diese Schreckschraube von Hausmeisterin macht sich über mich lustig. Ich hätte ihr diese Bemerkung um die Ohren hauen können. Stattdessen sagte ich wie vor den Kopf geschlagen: »Ja, danke, ich gehe mal bei ihr vorbei.«

»Warte, hier fehlen noch sechs Cent, so kann ich dir keine Quittung geben.«

Alte Schachtel. Es wäre wirklich genial, ein bisschen Geld zu verdienen. Dann würden mir nie wieder sechs Cent fehlen, um die Miete zu zahlen.

Die Frau, die eine Betreuung für ihre Tochter sucht, heißt Lila und ist dreißig Jahre alt. Keine Ahnung warum, aber ich hatte sie mir älter vorgestellt. Ich hatte erwartet, dass sie bei den Galeries Lafayette arbeitet und eine prall gefüllte Tiefkühltruhe hat. In Wirklichkeit ist sie Kassiererin im Supermarkt und kocht selbst. Sie trägt einen gleichmäßig gezogenen feinen Lidstrich, hat schönes braunes Strubbelhaar, ein nettes Lächeln und einen südlichen Akzent, denn sie ist in Marseille aufgewachsen. Und sie liest haufenweise Frauenzeitschriften mit nichtssagenden Psychotests nach dem Motto »Wie besitzergreifend sind Sie?« oder »Sind Sie eine Verführerin?«.

Galeries Lafayette
→ Seite 248

Wir haben uns gerade mal eine Viertelstunde unterhalten. Sie wollte ein paar Dinge wissen, dann meinte sie, man könne mir am Gesicht ablesen, dass ich in Ordnung sei, und stellte mir ihre Tochter vor. Sarah ist vier Jahre alt, macht einen intelligenten, aufgeweckten Eindruck und ist total süß, dabei habe ich's sonst gar nicht so mit Kindern …

Lila hat sich vor Kurzem von Sarahs Vater getrennt. Deshalb ist sie auch in unser Viertel gezogen. Sie hat mir kurz erzählt, wie das kam, und sah dabei ganz verbittert aus. Anscheinend hat er ihr alles weggenommen. Sogar die Sampler von Daniel Guichard und Frank Michael, die sie in der Schublade ihrer Kommode aufbewahrte.

Daniel Guichard und Frank Michael Schlagersänger/Liedermacher

»Ist es okay, wenn ich dir drei Euro die Stunde gebe?«

Sie sagte das ganz plötzlich, ich war gar nicht drauf gefasst. Tatsächlich war sie verlegen, denn sie fand drei Euro nicht viel, aber mehr konnte sie im Moment nicht zahlen. Sie hatte keine Ahnung, dass drei Euro die Stunde für mich ein wahres Vermögen sind. Also sagte ich: »Ist okay, danke.«

Und das war ein echtes Danke, wie man es nur sagt, wenn man es ehrlich meint und einem fast die Tränen kommen vor Glück.

Ich muss Sarah um 17.30 Uhr von der Spielgruppe abholen und zu Hause auf sie aufpassen, bis Lila wiederkommt. Es macht mir Spaß. Ich hätte gern mit Hamoudi darüber geredet, aber den sehe ich gar nicht mehr. Er ist wohl bei dieser blöden Karine und spielt Cluedo in ihrem kleinen Wohnzimmer voller Ikeamöbel.

Als ich Mama erzählte, dass ich einen Job als Babysitter habe, hat sie sich nicht besonders gefreut. Sie sagte, sie könne allein Geld verdienen und für uns sorgen … Sie hätte fast angefangen zu weinen. Beim Essen haben wir kein Wort miteinander gesprochen. Gar nicht wie im Film. Aber wie im wahren Leben. Und obwohl sie mir am Ende ihr Okay gab, habe ich gemerkt, dass sie eigentlich traurig war.

Im Formule 1 von Bagnolet ist im Moment ganz schön die Kacke am Dampfen. Mamas Kolleginnen sind scharenweise in den Streik getreten. Sie haben sich mit den Gewerkschaften zusammengetan, um ihren Forderungen Gehör zu verschaffen.

Verantwortlich für die Streiks im Formule 1 ist Fatouma Konaré, eine Kollegin, mit der Mama sich gut versteht. Früher dachte sie, »Fatoumakonaré« sei nur der Vorname, und fand es ziemlich lang für einen Vornamen. Fatouma hat 1991 in dem Hotel in Bagnolet angefangen. Damals konnte ich mir noch nicht mal allein die Schuhe zubinden. Sie war diejenige, die als Erste laut aussprach, dass die Frauen in dem Hotel ausgebeutet werden. Mama sagte, sie würde gern mit den Mädchen aus dem Hotel streiken, aber sie kann nicht. Fatouma und die anderen haben alle einen Mann, der sie unterstützt, aber wir sind ganz allein. Resultat: Da die meisten anderen Zimmermädchen streiken, hat Mama noch tausendmal mehr Arbeit.

Die ganze Sache muss Monsieur Schihont, diesem Oberarschloch von Chef, höllisch stinken. Geschieht ihm ganz recht. Mama sagt, er hat schon einige streikende Zimmermädchen entlassen, obwohl er das nicht darf. Er hat eine Vietnamesin gefeuert, die dieselben Arbeitszeiten hatte wie Mama, und das auch noch unter irgendeinem Vorwand. Wirklich zum Kotzen. Er wird auf schnellstem

Weg in die Hölle kommen, und er wird vor Schmerz wild herumstrampeln und schreien: »Aua, wie heiß!« Wer weiß, kann sein, dass Monsieur Schihont ansonsten ein anständiger Kerl ist, der stets ein Lächeln auf den Lippen trägt, regelmäßig spendet und jeden zurechtweist, der unerlaubt auf einem Behindertenparkplatz steht.

Vielleicht hat Madame Burlaud recht, wenn sie sagt, dass ich es nicht ertrage, wenn man über mich urteilt, und dabei selber dauernd über andere urteile. Aber was diesen Arschkeks von Monsieur Schihont angeht, ist die Chance, dass ich mich irre, äußerst gering.

In der Schule wird auch gestreikt. Es ist, als würde alles um mich herum stillstehen. Obwohl es erst ein paar Tage sind, kommt es mir vor wie eine Ewigkeit. Monsieur Loiseau, der Schulleiter, ist von einem externen Schüler angegriffen worden. Ich war nicht dabei, anscheinend hat der Typ ihm Tränengas ins Gesicht gesprüht. Er ist wirklich ein Pechvogel. Da steckt er schon mal alle Jubeljahre den Kopf aus seinem Büro, um nachzusehen, ob der Kasten noch steht, und wird prompt Opfer eines Giftgasangriffs.

Seitdem herrscht an unserer Schule das absolute Chaos. Drei Viertel der Lehrer geben keinen Unterricht mehr. Sogar Madame Benbarchiche hängt überall Plakate mit dem Schriftzug »Schluss mit der Gewalt!« oder anderen schockierenden Sprüchen auf, die es mit jeder Werbekampagne für mehr Sicherheit auf den Straßen aufnehmen können. Es ist schon lustig, wie aktiv sie seit dem Beginn des Streiks ist. Wäre nicht schlecht, wenn sie auf ihren Unterricht genauso viel Energie verwenden würde wie auf ihre Aushänge. Vielleicht ist sie ja eine Kämpfernatur. Eine militante Überzeugungstäterin. Eine Frau mit einem politischen Gewissen. Vielleicht schickt sie sogar hin und wieder einen Scheck an die Volksbewegungsunion, obwohl sie mit ihrem rabenschwarz gefärbten Haar und ihrem fuchsiaroten Lippenstift völlig unauffällig aussieht.

Volksbewegungsunion
→ Seite 249

Der Einzige, der nicht streikt, ist Monsieur Lefèvre, der immer so spricht wie früher die Moderatoren vom Teleshop. Er hält diesen Streik für reines Affentheater; der Angriff auf Monsieur Loiseau sei nur ein willkommener Vorwand für die faulen Kollegen.

Ich finde schlimm, was da passiert ist. Ich halte Monsieur Loiseau auch nicht für den nettesten Pauker der Schule, aber trotzdem. Schlimm genug, dass Monsieur Loiseau sich schon vor der Gasattacke nur noch in seinem Büro sicher fühlte.

Jedenfalls unterstützen nur wenige Schüler den Streik. Die meisten sind wohl der Ansicht, dass er nichts bringt. Für uns ist ohnehin alles verloren …

Letzte Woche hatten wir wieder Besuch von Madame Dingsbums, der Sozialarbeiterin. Diese Frau hat echt null Feingefühl. Kaum hatte Mama ihr die Tür geöffnet, zischte sie schon durch ihre weißen, geraden Zähne: »Oje, Sie sehen ja gar nicht gut aus!«

Sie bildet sich sonst was ein, nur weil sie gerade den Gutschein über zwölf Solariumsbesuche verbraten hat, den ihr das Beauty- und Wellnessinstitut »Schöne Fresse« als Treueprämie geschenkt hat. Und dann drehte sie auch noch mindestens zehn Runden durch die ganze Wohnung, als würde sie die Katakomben besichtigen.

Katakomben
→ Seite 249

»Der Wasserhahn in der Küche braucht dringend eine neue Dichtung.«

Sie sagte das mit der herablassenden Art, die sie manchmal an den Tag legt. Ich frage mich, ob sie sich diesen Beruf ausgesucht hat, weil ihr das Elend anderer Leute ein Gefühl von Sicherheit gibt. Mama hatte extra für sie einen Pfefferminztee aufgebrüht, den sie kaum anrührte.

»Er ist wirklich ganz köstlich …« Sie kniff den Mund zusammen. »Allerdings ist er … ähm … ziemlich süß … Ich muss auf meine Linie achten, Sie wissen ja … Nach der Hochzeit lassen manche Frauen sich ganz schön gehen …« Und sie kicherte los, mit geschlossenen Augen und der Hand vor dem Mund, wie Marilyn Monroe. Für wen hält die sich eigentlich? Die blöde Kuh ist gerade mal vier Wochen verheiratet.

Mama war das egal. Sie lachte einfach mit. Ich habe das Gefühl, all dies berührt sie überhaupt nicht. Ich sah sie neben dieser Miss Frankreich für Arme sitzen und bewunderte sie. Madame Dingsbums meckert an ihrem Aussehen, an ihrem Wasserhahn und an ihrem Pfefferminztee herum, aber Mama pfeift drauf. Sie lacht und plaudert mit ihr, als wäre nichts gewesen.

Sie hat ihr sogar von dem Streik erzählt und von der Situation im Formule 1. Madame Sowieso setzte eine ernste Miene auf und schlug ihr einen Alphabetisierungskurs in einer sozialen Einrichtung in Bondy vor. Dort würde sie lesen und schreiben lernen und gleichzeitig ein Bewerbungstraining für eine neue Stelle machen. Mama müsste nichts dafür bezahlen. Die Stadtverwaltung von Livry-Gargan würde alles übernehmen.

Bevor sie ging, wühlte sie in ihrer gefälschten Vuitton-Handtasche und meinte zu mir: »Ich habe hier etwas für dich …«

Vuitton
→ Seite 249

Sie sagte das mit ihrer grellen Stimme, jede Silbe einzeln betont, wie eine Geistesgestörte. Ich fühlte mich wie ein acht Monate altes Baby, dem sie ankündigt, dass sie ihm nun endlich die Windeln wechseln wird oder ein Gläschen Artischockenbrei zu essen gibt.

Stattdessen gab sie mir einen Gutschein für kostenlose Bücher. Ich habe das Gefühl, mich rückwärts zu entwickeln, weil mich alle behandeln wie eine Bedürftige. Geht doch alle zum Teufel.

Als die Tür hinter ihr ins Schloss fiel, dachte ich, das sei es für diesen Abend gewesen, aber dann klingelte das Telefon. Es war Tante Zohra – in Panik, weil die Polizei um sechs Uhr morgens bei ihr gewesen war, um Youssef zu verhaften. Sie hatten die Tür eingetreten, ihn aus dem Bett gezerrt und die Wohnung durchwühlt. Dann hatten sie ihn mit auf die Wache genommen. Jedenfalls hörte Tante Zohra gar nicht auf zu heulen. Sie vertraute Mama an, dass ihr Sohn in Drogengeschäfte und Autodiebstähle verwickelt sei. Ich glaube, sie fühlte sich verantwortlich, weil sie sich nicht genug um ihn gekümmert hatte. Am Ende des Gesprächs begann auch Mama zu weinen.

Youssef wird sicher gerade in einem muffigen, grauen Büro verhört. Dabei ist Youssef ein netter Kerl. Das ist nicht fair. Als Mama aufgelegt hatte, haben wir uns kurz darüber unterhalten, aber manchmal reichen Worte nicht aus. Dann sahen wir einfach aus dem Fenster, und das sagte alles. Der Himmel draußen war grau wie der Beton der Häuser, und es fiel ein feiner Nieselregen, als würde Allah auf uns spucken.

Schon seit einigen Nächten habe ich immer wieder denselben Traum, einen dieser seltsamen Träume, an die man sich beim Aufwachen perfekt erinnert und die man bis ins Detail erzählen kann.

Ich öffnete das Fenster und die Sonne schien mir grell ins Gesicht. Ich konnte die Augen kaum öffnen. Ich zog meine Beine auf das Fensterbrett hoch, bis ich dort oben hockte, dann flog ich mit einem Schwung davon. Ich flog höher und höher, die Hochhäuser unter mir entfernten sich und wurden immer kleiner. Ich schlug mit den Flügeln, oder vielmehr mit den Armen, und weil ich im Traum so heftig herumfuchtelte, um weiter aufzusteigen, habe ich mich tatsächlich an der linken Wand gestoßen und einen riesigen blauen Fleck. Davon bin ich aufgewacht, und ich muss sagen, es war ziemlich brutal, auf diese Weise wieder auf dem Boden der Realität zu landen.

Ich erzählte Madame Burlaud von meinem Traum. Sie sah mich mit einem Augenzwinkern an und sagte: »Ja, natürlich, verstehe … Das passt zur Atlasepisode.« Sehr interessant. Sie nennt das allen Ernstes eine Episode. Wer weiß, vielleicht ist Madame Burlaud gar keine richtige Psychologin. Vielleicht arbeitet sie beim Kino und lässt sich von dem Mist inspirieren, den ich ihr erzähle, um eine Sitcom daraus zu basteln. Burlaud ist mit Sicherheit ein Pseudonym, ihr richtiger Name ist bestimmt so was wie Laurence Bouchard, und sie gehört zu einem Team von Drehbuchautoren, die für eine große Produktionsfirma arbeiten. So sieht es in Wirklichkeit aus … Das Konzept steht vielleicht längst und die Serie wird bald in der ganzen Welt ausgestrahlt. Sie wird sogar für die Japaner synchronisiert. Und ich bekomme keine Beteiligung und nichts, bin nur einer der Millionen Fans, anonym und angeschmiert wie alle anderen.

Die Atlasepisode … ich weiß nicht mal, warum ich ihr davon erzählt habe. Und ebenso wenig weiß ich, warum ich ihr den ganzen Rest erzähle. Es war einer dieser Tage, an denen ich mich zu Tode langweilte. Also ging ich in die Rumpelkammer und kramte meinen alten Schulatlas hervor. Eine Rumpelkammer ist wie ein Dachboden, nur kleiner und meistens im Flur. Sie dient dazu, irgendwelchen Blödsinn anzuhäufen, den man nie benutzt.

Jedenfalls hab ich den Atlas bei der Weltkarte aufgeschlagen, da wo die ganze Erdkugel auf zwei Seiten passt. Und da mich wirklich alles anödete, zeichnete ich eine Reiseroute ein. Diesen Weg wollte ich später einmal machen, vorbei an den schönsten Orten der Welt. Na ja, ich habe ihn nur mit Bleistift eingezeichnet, es hätte Ärger mit Mama gegeben, wenn sie gesehen hätte, dass ich mit dem Kuli in einem neuen Buch herumkritzele. Auf alle Fälle hab ich mir eine richtige Route vorgenommen, auch wenn ich noch ganz am Ausgangspunkt bin und dieser Ausgangspunkt Livry-Gargan heißt.

Aber ich weiß nicht, ob Mama es o. k. fände, wenn ich einfach so abhaue. Dann wäre niemand mehr da, um *Reich und schön* für sie aufzunehmen. Und auch niemand, der Sarah vom Spielkreis abholt, und Lila würde ganz schön in der Klemme stecken und müsste sich einen anderen Babysitter suchen. Das erinnert mich daran, dass es doch ein paar Leute gibt, die mich brauchen, und das ist ein gutes Gefühl.

Manchmal habe ich keinen größeren Wunsch, als jemand anders zu sein, an einem anderen Ort und vielleicht sogar in einer anderen Zeit. Ich stelle mir oft vor, ich wäre ein Mitglied der Familie Ingalls in *Unsere kleine Farm*.

Unsere kleine Farm **US-amerikanische Fernsehserie**

Die Szenerie:
Der Papa, die Mama, die Kinder, der Hund, der nicht beißt, die Scheune und zum Kirchgang am Sonntagmorgen Schleifen im Haar. Das ist Glück … Die Geschichte spielt in einer ganz anderen Welt, neunzehntes Jahrhundert oder so, mit Petroleumlampen, den ersten Eisenbahnen, vorsintflutlicher Kleidung … Was ich am meisten an ihnen mag: Wenn mal eine Katastrophe eintritt, bekreuzigen sie sich, dann weinen sie kurz, und in der nächsten Episode ist alles vergessen und vorbei … Das ist Kino.

Aber die Ingalls sind immer noch besser angezogen als ich, echt peinlich. Obwohl sie in einem winzigen Scheißkaff leben und der Vater ein dicker Bauer ist. Schon das Sweatshirt, das ich gerade anhabe, würde nicht mal Abbé Pierre freiwillig nehmen. Einmal hab ich einen lilafarbenen Pulli mit Sternen und einem englischen Schriftzug angezogen. Den hatte meine Mutter in einem muffigen Secondhandshop gekauft. Sie war unheimlich stolz drauf, dass sie ihn für einen Euro hatte abstauben können. Ich wollte ihr nicht wehtun und zog ihn zur Schule an, aber ich hatte schon so ein komisches Gefühl, irgendwie fand ich den Pulli seltsam. Das war er auch. Die Zicken in der

Abbé Pierre → **Seite 249**

Schule, diese in den Malkasten gefallenen Bleichgesichter mit ihren aufgepolsterten BHs und dazu passenden Schuhen, haben sich köstlich über mich amüsiert. Was da in Englisch auf dem Pulli stand, war »Sweet dreams«. Das heißt »Träum was Schönes«. Dieser verdammte lilafarbene Pulli war das Oberteil eines Schlafanzugs. Ich hätte im Unterricht von Miss Baker in der sechsten Klasse eben doch besser aufpassen sollen.

Als ich aus der Schule kam, traf ich Hamoudi. Er bot mir an, mich ein Stück mitzunehmen und bei uns im Viertel abzusetzen. Ich war stolz und nutzte die Gelegenheit, um ein bisschen anzugeben, damit all die Streuselkuchen aus der Penne sehen, wie ich mit dem Doppelgänger von Antonio Banderas in *Zorro* wegfahre, nur dass Hamoudi etwas vernarbter ist. Leider hat's keiner mitgekriegt. Auch egal.

Antonio Banderas, Zorro
→ Seite 249

Eigentlich steht es ihm ganz gut, nach Eau de Toilette zu riechen und immer rasiert zu sein. So sieht man die Narbe an seinem Kinn besser. Das gibt ihm so eine zarte Seite – raue Schale, weicher Kern und so … Wie ein Kinoheld. Als ich ihn einmal fragte, woher er die Narbe hat, wusste er es angeblich nicht mehr. Er wollte es mir nur nicht sagen. Hamoudi kann ganz schön nerven, wenn er so geheimnisvoll tut!

Mir ist aufgefallen, dass er ein anderes Auto fuhr als letzte Woche. Hamoudi hat ziemlich oft ein neues Auto. Entweder hat er einen Freund, der Autoverkäufer und in ihn verliebt ist, oder er macht krumme Geschäfte, und in diesem Fall stelle ich ihm besser keine Fragen. So funktioniert das zwischen Hamoudi und mir. Er will mich beschützen, mich nicht in seine Geschichten hineinziehen, im Gegenzug muss ich meine Neugier bändigen.

Ich stieg ins Auto, sagte nur kurz Hallo und sah ihn kaum an, obwohl er mich anstarrte. Er fuhr nicht los, und ich merkte, dass er mich immer noch so anguckte. Das machte mich ganz nervös.

Nach einer Weile fasste er mich am Kinn, drehte mein Gesicht zu sich hin und meinte lächelnd: »Keine Sorge! Du wirst immer mein Liebling bleiben!«

Und dann fing er an zu lachen. Obwohl ich eigentlich gern noch ein bisschen sauer auf ihn gewesen wäre, lachte ich mit ihm, denn ich war sehr erleichtert. Hamoudi spielte auf diese Karine an, mit der ich ihn auf der Kirmes getroffen hatte, die mit den hohen Absätzen und der Frisbeescheibe an Stelle eines Kopfes. Vielleicht dachte er, ich wäre eifersüchtig … Also wirklich. So toll ist die auch wieder nicht, außerdem ist sie blond und trägt Lila. Was das eine mit dem anderen zu tun hat? Keine Ahnung.

Aber für ihn war es gut, dass er dieses Mädchen kennengelernt hat. In seinem Leben passiert wenigstens was. Bei mir ist es Tag für Tag das Gleiche, miese Aussichten.

Als Hamoudi mich vor dem Haus absetzte, winkte Aziz, der Lebensmittelhändler unseres Viertels, mir zu. Da dachte ich, vielleicht wäre ein neuer Mann im Haus doch ganz gut. Einer, der nicht ans andere Ufer des Mittelmeers oder mit einer bleichgesichtigen Blonden auf Stöckelschuhen abhaut. Aber außer Aziz, der wohl ein bisschen in Mama verknallt ist, wüsste ich nicht, wer das sein könnte …

Aziz ist so um die fünfzig. Er ist klein, hat fast eine

Glatze, immer schmutzige Fingernägel und fischt ständig mit der Zungenspitze zwischen den Zähnen nach eingeklemmten Resten. Im Sidi Mohamed Market liegt eine Menge vergammeltes Zeug rum, und Aziz lässt einen mehr blechen, wenn man sich eine Flasche Wasser aus dem kleinen Kühlschrank hinten im Laden nimmt statt die aus dem Verkaufsregal vorne. Früher hat er sogar Brot verkauft, bis zu dem Tag, als eine Kundin eine Küchenschabe in ihrem Baguette fand und das Ordnungsamt informierte. Am Tag des Opferfests schenkt Aziz Mama Einkaufstüten mit Lebensmitteln, und wenn es sein muss, gewährt er uns Kredite, die wir nicht immer bezahlen können. Manchmal schimpft er mit dem Akzent seines Heimatdorfs: »Ohlàlà! Wenn ihr macht immer nur Kridit bei mir, kommen wir nie an die Ufer an!« Aziz ist lustig. Wenn es ans Bezahlen geht, hat er immer einen Witz auf Lager.

»Fragt die Lehrerin zu die kleine Toto: Zwölf Flasche Wein zu zwei Euro die Stücke, was macht das? Sagt die kleine Toto: drei Tage, Madame.«

Und dann macht er sich vor Lachen in die Hose. Aziz ist ein Schlitzohr, aber er ist nett. Ich glaube, viele Leute hier können ihn gut leiden. Wenn Mama ihn heiraten würde, hätten wir jedenfalls immer alles, was wir brauchen. Gut, er ist nicht der Manager einer riesigen Kaufhauskette, aber wer weiß, vielleicht gibt es ja in ein paar Jahren auch einen Sidi Mohamed Market in New York und Moskau …

Mama hat sich endlich von diesem Scheißhotel verabschiedet, wo sie den Reichen für nichts und wieder nichts den Hintern abwischen musste. Monsieur Schihont hat ihr nicht einmal eine Abfindung gezahlt, angeblich wegen des Streiks … Das ist illegal, das weiß ich genau. Ohne Mama wird Monsieur Schihonts Absteige ohnehin bald Pleite machen. Sie hat nämlich eine ganz besondere Art, die Betten zu machen – hübsch und zugleich energisch, so dass man keine Falte in den Laken sieht, besser als bei der Armee. Ich bin jedenfalls froh, dass sie nicht mehr im Formule 1 in Bagnolet arbeitet. Wir werden es nicht vermissen. Weder die Arbeitszeiten noch den Lohn oder diese Ratte von Monsieur Schihont.

Das haben wir trotz allem der Stadt zu verdanken. Ich sage »trotz allem«, weil ich nur ungern zugebe, dass Madame Dingenskirchen, unsere Barbie vom Sozialamt, Mama diese Fortbildung verschafft hat. Fort-Bildung heißt, dass man sich von dem einen fort und zu etwas anderem hin bildet. Wie von etwas Herzhaftem zu etwas Süßem oder vom Ehemann zum Liebhaber. Mama wird einen Alphabetisierungskurs besuchen, in dem sie die Sprache meiner Heimat lesen und schreiben lernt. Mit einer Lehrerin, einer Tafel, einem karierten Heft und sogar Hausaufgaben. Wenn sie möchte, helfe ich ihr dabei.

Eigentlich ist Nabil die Null mir doch ganz nützlich, wenn ich in Chemie wieder nichts kapiere und er mir die Aufgaben von Madame Benbarchiche erklärt. Irgendwas mit Isotop. In ihrem tunesischen Akzent klingt es nach »Sisitop«, wie die Rockband von den alten bärtigen Typen mit Sonnenbrille.

Sisitop
→ Seite 249

Ist schon lustig, dass Mama sich so auf den Kurs freut. Sie ist nie zur Schule gegangen, deshalb ist sie schon ganz aus dem Häuschen. Um fünf Uhr morgens aufzustehen, um sich bei der Arbeit in einem schäbigen Hotel die Gesundheit zu ruinieren, das hat sie einfach hingenommen. Aber die Weiterbildung nimmt sie richtig ernst. Dort lernt man auch, wie man sich nach einer neuen Stelle umschaut. Hoffentlich findet sie dann einen Superjob. Während des Kurses bekommt sie sogar Geld und ist abends nicht so spät zu Hause wie sonst, sondern ungefähr zur selben Zeit wie ich. Ich werde sie also viel öfter sehen und nicht so leicht vergessen, dass ich eine Mutter habe.

Sie fängt erst in zwei Wochen an, das ist genial, so bekomme ich bis dahin nach der Schule mal was anderes zu essen als Thunfisch aus der Dose.

Abends schaut Mama am liebsten die Wettervorhersage. Vor allem, wenn sie von dem dunkelhaarigen Moderator präsentiert wird, der an dem Casting für *Ein Käfig voller Narren* teilgenommen hat, aber nicht genommen wurde, weil er immer so übertrieb. Diesmal kündigte er einen großen Wirbelsturm in der Karibik an, ein Wahnsinnsding, das sich schon darauf vorbereitet, einigen Schaden anzurichten. Der Orkan heißt Franky. Mama sagte, sie findet diesen westlichen Tick, Naturkatastrophen einen Namen zu geben, völlig bescheuert. Ich mag es, wenn Mama und ich so interessante und tiefgründige Gespräche führen.

Aziz ist ein netter Kerl, aber die Chancen, in seinem Laden etwas Vergammeltes zu erwischen, stehen eins zu zwei, deshalb gehe ich manchmal zu Malistar, einem kleinen Supermarkt, der schon seit Jahren existiert und immer wieder den Namen wechselt. Seit ich hier wohne, ist er bestimmt schon zehn Mal umgetauft worden: World

Provisions, Better Price, Toutipri … Das Problem ist, dass jeder ihn anders nennt, je nachdem, welchen Namen er mitbekommen hat.

Ich war also mal wieder im Malistar, um Damenbinden zu kaufen, dieses No-Name-Produkt in Neonorange, das so leuchtet wie die Westen der Schullotsen, die den Kleinen frühmorgens über die Straße helfen. Schon die Verpackung ist ultrapeinlich. Auffälliger geht's nicht, anschließend weiß jeder in der Siedlung, dass du deine Tage hast. Als ich an der Kasse ankam, hatte sich dort prompt eine Schlange der Streckenlänge Paris – Dakar gebildet. Und zwar wie Paris – Dakar auf dem Fahrrad, nämlich im Schneckentempo … Als ich endlich an der Reihe war, trat noch einer dieser Zufälle des Lebens ein: Der Strichcode funktionierte nicht. Bei jedem Versuch der Kassiererin machte es nur ein Geräusch wie eine zerkratzte Single. Die Kassiererin ist Monique, und man kann wirklich sagen, dass dieser Job ihr wie auf den Leib geschneidert ist. Sie ist so flach, dass man sie faxen könnte, und ich an ihrer Stelle hätte den Friseur angezeigt, wenn er mir so einen Schnitt verpasst hätte. Monique hat eine Menge Humor, das verdankt sie diesem albernen Pierre Palmade, den sie sich jeden Sonntagnachmittag auf Video reinzieht. Egal, jedenfalls kam Monique mit den Binden nicht klar. Und als sie es endgültig satt hatte, was tat sie da? Anstatt den Strichcode einzutippen, wie sie es anderswo machen, griff sie zum Mikrofon. In dem Moment begannen meine Knie zu zittern und mir standen die Schweißperlen auf der Stirn, als müsste ich eine Bombe entschärfen und gleich das rote Kabel durchtrennen. Dann brüllte sie mit ihrer tiefen Stimme (offensichtlich

Paris – Dakar
→ Seite 249

Pierre Palmade
französischer Schauspieler und Komiker

hatte sie nicht begriffen, dass Brüllen überflüssig war, schließlich ist das ja Sinn und Zweck eines Mikrofons): »RAYMOND!!! Was kostet ein Paket Damenbinden, 24 + 2 gratis, normale Größe mit Saugkissen und extraschützenden Seitenflügeln?!«

Nach einer kurzen Pause brüllte sie weiter: »He! Raymond! Schläfst du oder was?«

Schließlich hörte man eine Stimme aus dem Jenseits rufen, dass der Mist zwei Euro, achtunddreißig Cent kostet. Das Schlimmste war, dass ich nicht mal genug Geld mithatte und bei Monique anschreiben lassen musste. Wenn ich das vorher gewusst hätte, hätte ich meine Tage gar nicht erst bekommen …

Als ich nach Hause kam, telefonierte Mama immer noch mit Tante Zohra. Youssef hat bald seinen Prozess. Deshalb ist sie sehr nervös und ruft Mama ständig an, auch spät am Abend, wenn sie wieder mal nicht einschlafen kann. Die beiden führen lange Gespräche mit vielen Pausen. Das weiß ich, weil Mama das Telefon immer laut stellt.

»Ich schwöre dir, Yasmina, meine Schwester, du hast Glück, dass du keine Söhne hast, Gott ist mit dir, du hast ja keine Ahnung …«

»…«

»Mit einer Tochter ist alles viel einfacher! Ich habe meinen Sohn noch nie weinen sehen, weißt du. Aber gestern bei meinem Besuch hat er sich an mich geklammert und geweint wie eine Frau, es hat mir das Herz gebrochen …«

»Möge Gott dir beistehen!«

»Wenn er dich nur erhören würde, meine Schwester …

Was sage ich bloß dem Alten, wenn er aus dem Dorf zurückkommt? In zwei Monaten ist er wieder hier.«

»Bete zu Gott, dass dein Sohn bald zurückkehrt …«

Man könnte meinen, die beiden hielten große Stücke auf Gott. Hoffentlich ist Youssef bald wieder draußen. Er hat diese Kacke nicht verdient. Ich verstehe nicht viel von Gesetzen, all meine Kenntnisse auf diesem Gebiet habe ich von dem berühmten Anwalt *Perry Mason*. In einer Folge schlief ein Richter sogar während der Verhandlung ein und wurde trotzdem von allen »Euer Ehren« genannt.

Wenn Youssef richtig ins Gefängnis muss, verliere ich den Glauben an das Rechtswesen voll und ganz. »Ungerechtswesen« trifft es wohl eher.

Youssef ist verurteilt worden. Ein Jahr hat er bekommen. Tante Zohra findet das Leben nur noch zum Kotzen. Vor allem hat sie große Angst vor ihrem Mann, dem alten Irren, der nächsten Monat aus seinem Dorf zurückkehrt. Seine beiden anderen Söhne, Réda und Hamza, befinden sich in der Schule im freien Fall und prügeln sich mit Altersgenossen aus dem Viertel, die sie als Bastarde bezeichnen, weil ihr Vater so gut wie nie da ist. Für Youssef ist der Knast die Hölle, und obwohl er mich oft verarscht hat, hat er es wirklich nicht verdient, wegen so einer Dummheit ein Jahr seines Lebens zu verlieren.

Bei Hamoudi war es genauso. Nach dem Knast schlug er sich als Aushilfe durch, eine Menge kleiner Scheißjobs, einer schlimmer als der andere. Er ist nie wieder richtig auf die Beine gekommen. Jetzt verdient er sein Geld mit der Dealerei und kann kein normales Leben führen. Rente und Krankenversicherung speziell für Dealer müssen erst noch erfunden werden. Wie auch immer, ich hätte nie gedacht, dass Youssef so etwas passieren könnte. Wenn mir das eine Wahrsagerin vor ein paar Monaten prophezeit hätte, hätte ich sie für verrückt erklärt.

Meine Mutter hat mir mal erzählt, als sie noch im Dorf bei ihren Eltern wohnte, haben ihre Tante und eine Nachbarin sie einmal zu einer Wahrsagerin geschleppt. Alle machten sich Sorgen, weil Mama sich weigerte zu heiraten. Die Wahrsagerin meinte, der Mann, der ihr vorherbestimmt sei, käme vom anderen Ende des Meeres, um sie zu holen, und es sei jemand, der mit Erde und Stein arbeite. Volltreffer, das war genau mein Vater: Er kam sie vom anderen Ende des Meeres holen, aus Frankreich, und zwar mit dem Schiff, weil das nicht so teuer war wie das Flugzeug. Und dass er mit Erde und Stein arbeitete, stimmt auch, denn er war damals Bauarbeiter. Nur hatte die Wahrsagerin irgendwie vergessen, meiner Mutter zu erzählen, wie die Geschichte enden würde. Die Leute sagen einem immer nur das, was man hören will.

Wie bei Sheriff. Sheriff ist ein Typ hier aus der Siedlung, der vor ungefähr sechs Jahren aus Tunesien herkam. Alle nennen ihn nur Sheriff, weil er wie ein richtiger Cowboy herumläuft. Noch dazu trägt er immer einen roten Cowboyhut mit einem Stern vorne dran. Mit seinen schwarzen Haaren und seinem Schnauzer sieht er aus, als wäre er gerade einem Western entstiegen. Dieser Typ war mal bei einer Wahrsagerin, die ihm baldigen Reichtum prophezeite. Das ist jetzt Jahre her. Sie hätte vielleicht etwas genauer erklären sollen, was sie mit »bald« meinte. Seitdem spielt der Sheriff jeden Tag Pferdetoto, und er glaubt felsenfest an sein Glück. Anschließend geht er in die Bar auf dem kleinen Platz und wartet auf die Ergebnisse. Und weil er jedes Mal verliert, wird er langsam nervös. Sheriff ist halt ein Südländer … Wenn er nicht gewinnt, also jedes Mal, zerknautscht er seinen Hut, stößt arabische Flüche aus und macht sich schimpfend vom Acker. So geht das nun schon sehr lange.

Manchmal sage ich mir, dass das Leben trotz allem ein Glück ist. Man meint immer, man hätte es nicht gut getroffen, und vergisst dabei die Leute, denen es noch schlechter geht als einem selbst … Doch, doch, die gibt es. Zum Beispiel der Junge, der mit mir zusammen in die Grundschule ging und ständig verprügelt wurde. Ein kleiner Blonder mit Brille, der immer ganz vorne saß, immer gute Noten hatte, der Lehrerin zu Ostern Crêpes mitbrachte und in der Kantine Schweinefleisch aß. Das perfekte Opfer.

Mama hat mit ihrem Fortbildungskurs angefangen. Es gefällt ihr anscheinend gut. Sie hat sich sogar schon mit zwei anderen Frauen angefreundet: eine Marokkanerin aus Tanger und ein altes Mütterchen aus der Normandie, die »Jackeline« heißt. Ich nehme an, sie meint die Kursleiterin Jacqueline. Ich stelle fest, dass meine Mutter ein kontaktfreudiger Mensch ist, ganz im Gegensatz zu mir. Als ich klein war und meine Mutter mit mir zum Sandkasten ging, wollte kein Kind mit mir spielen. Ich nannte ihn den »Sandkasten der Franzosen«, denn er lag mitten in einer Siedlung von Einfamilienhäusern, in denen fast nur französische Familien lebten. Einmal standen sie alle im Kreis und wollten mir nicht die Hand geben, weil am Tag zuvor das Schafsfest gewesen war und Mama meine

Schafsfest **islamischer Feiertag im Mai**

rechte Handfläche mit Henna bemalt hatte. Die kleinen Holzköpfe dachten, ich wäre schmutzig.

Henna
→ Seite 249

Sie hatten keinen Schimmer von Multikulti und klassenloser Gesellschaft. Aber im Grunde können sie ja nichts dafür. Es gibt eine ziemlich deutliche Grenze zwischen der Cité du Paradis, wo ich wohne, und der Villengegend im Rousseau-Viertel. Riesige Drahtzäune, die nach Rost riechen, so alt sind sie, und eine lange Steinmauer. Schlimmer als die Maginot-Linie oder die Berliner Mauer. Zur Cité hin ist die Mauer voller Tags, Kritzeleien und Werbeplakate für irgendwelche Konzerte oder orientalische Abende. Es gibt Graffiti zu Ehren von Saddam Hussein oder Che Guevara, patriotische Bekenntnisse wie »Es lebe Tunesien« oder »Senegal hoch« und sogar philosophisch angehauchte Textzeilen aus Rapsongs. Aber am besten gefällt mir eine alte Zeichnung, die es schon gab, als weder Rapmusik noch Irakkrieg existierten: ein Engel in Handschellen mit einem roten Kreuz auf dem Mund.

Maginot-Linie
→ Seite 249
Saddam Hussein
→ Seite 249
Che Guevara
→ Seite 249

Im elften Stock unseres Hochhauses wird ein Mädchen festgehalten. Sie heißt Samra und ist neunzehn Jahre alt. Ihr Bruder folgt ihr auf Schritt und Tritt. Er lässt sie nie ausgehen, und wenn sie auch nur ein bisschen später als gewohnt von der Schule nach Hause kommt, schleift er sie an den Haaren über den Fußboden; der Vater erledigt dann den Rest. Einmal habe ich Samra sogar schreien gehört, weil sie sie eingeschlossen hatten. In ihrer Familie führen die Männer sich auf wie Könige. Samra lebt in einem Hochsicherheitstrakt und ihre Mutter kann nichts dagegen sagen oder tun. Als Mädchen hat man offenbar einfach schlechte Karten. Aber vor ein paar Tagen hat Mama von Nachbarinnen gehört, dass Samra abgehauen ist. Seit drei Wochen wird sie überall gesucht. Ihr Vater hat sogar Handzettel verteilt, um sie zu finden. In der ganzen Gegend haben sie Suchanzeigen aufgehängt, in Geschäften, bei der Post, in Treppenaufgängen, Schulen … Auf dem Foto ist Samra in der sechsten Klasse. Die Zahnspange ist auf den Kopien nicht so gut zu erkennen.

Das erinnert mich an die Sendung *Aus den Augen verloren* mit Jacques Pradel, wo Leute ihre Angehörigen wiedertrafen, die sie über zwanzig Jahre nicht gesehen hatten. Die Sendung war echt super: Sie spürten die Leute auf, obwohl die ihr Aussehen, ihren Namen und alles geändert hatten. Wenn die Gesuchten nicht gerade verstorben waren, hat das Team es wirklich immer geschafft, sie zu finden. Beim ersten Wiedersehen gab es dann großes Geheul und Ohnmachtsanfälle. Das machte die Sache so spannend. Einmal haben sie einen Cousin in Sydney, Australien, aufgestöbert. Sie haben seine Bude gefilmt, seine neue Familie, seine neue Arbeit und alles. Für den Studiogast war das nicht so berauschend. Der hatte jahrelang darunter gelitten, dass sein Cousin abgehauen war, und sich den Kopf zerbrochen, wie er ihn wiederfinden könnte. Und nun musste er feststellen, dass dieser ein großartiges Leben führte und sich kein Stück für ihn interessierte.

Na ja, jedenfalls ist hier momentan Samras Verschwinden Gesprächsthema Nummer eins. Angeblich hat sie irgendwer in Paris gesehen, mit einem dicken Bauch. Sie soll also schon schwanger sein … Die Gerüchte wandern vom Lebensmittelladen über die Reinigung bis vor das

Schultor. Als Samra noch zu Hause in ihrem Betonkäfig eingesperrt war, sprach kein Mensch über sie, als wäre das völlig normal. Und jetzt, wo sie es geschafft hat, sich von ihrem Diktatorbruder und ihrem Folterervater zu befreien, zerreißen sich die Leute das Maul über sie. Ich verstehe das nicht.

Youssef kann nicht abhauen. Tante Zohra hat wieder angerufen, um uns von ihrem letzten Besuch zu erzählen. Sie sagt, er wird immer dünner und sein Blick ist ganz leer. Sie erkennt ihren Sohn kaum wieder; ich kann verstehen, dass ihr das Angst macht. Trotzdem finde ich, dass sie mutiger wird. Sie kommt jetzt schon besser damit klar. Sie brauchte nur ein bisschen Zeit, das ist alles. Es ist schrecklich, aber wenn man muss, kann man sich an alles gewöhnen, vor allem an das Schlimmste.

In zwei Wochen kommt Youssefs Vater aus seinem Dorf zurück, ich bin wirklich mal gespannt, was dann passiert. Mama hilft Tante Zohra, eine Taktik vorzubereiten. Sie sagt, alles hängt davon ab, wie sie ihm die ganze Sache beibringt. Wenn es um schlechte Nachrichten geht, lässt man sich am besten vom Fernsehen inspirieren. Zum Beispiel von dem Mut und dem Zartgefühl, mit dem Gaby in *Sunset Beach* ihrem beknackten Mann gesteht, dass sie ihn mit seinem eigenen Bruder betrogen hat. Und der Bruder war Priester. Also noch schlimmer. Verglichen damit ist es ein Zuckerschlecken, Youssefs Vater zu eröffnen, dass sein Sohn bis zum Frühjahr hinter Gittern sitzen wird. Oder, in meinem Fall, Mama zu erzählen, dass ich dieses Jahr kleben bleibe. Erst muss ich ihr wohl erklären, was »kleben bleiben« überhaupt heißt, denn vom französischen Schulsystem hat sie keinen Schimmer. Und

Sunset Beach **US-amerikanische Fernsehserie**

dann werde ich ihr verklickern, dass ich die Schule dadurch umso besser schaffe. »Es schaffen« heißt für sie, in einem Büro zu arbeiten, in dem es einen Drehstuhl, ein Telefon und eine Heizung ganz in der Nähe vom Drehsessel gibt.

Neulich abends habe ich auf der Treppe ein bisschen mit Hamoudi gequatscht. Es ging um Eltern und Konflikte in der Pubertät; Madame Burlaud hatte mir nämlich erklärt, was das ist.

Hamoudi hält das für eine Ausrede westlicher Eltern, die bei der Erziehung ihrer Kinder versagt haben. Ich sehe das nicht so. Manchmal ist Hamoudi ganz schön hart. Er sagte, er hätte nicht das geringste Interesse an irgendwelchen Pubertätsproblemen, denn die hätte ihm sein Vater sofort ausgetrieben. Und er erzählte mir, dass die Sache mit Karine, der Blondine von der Kirmes, vorbei sei. Er klang etwas traurig. Ich weiß, dass es nicht nett ist, aber ehrlich gesagt hat mich das ein bisschen gefreut. Jetzt kann es mit Hamoudi vielleicht wieder werden wie früher. Um ihn zu trösten, sagte ich, sie hätte eh eine Fresse wie eine Frisbeescheibe. Das fand er total lustig. Aber er hat mir nicht verraten, warum sie nicht mehr zusammen sind. Ich glaube kaum, dass sie ihn mit Hamoudis Bruder betrogen hat, der übrigens kein Priester ist.

Wahrscheinlich meint er, das sei nur was für Erwachsene und geht mich nichts an. Da ist was dran.

Neulich abends war diese Null von Nabil hier, um mir bei den Hausaufgaben in Bürgerkunde zu helfen. Das Thema klang wie der Titel einer Folge von *Reporter vor Ort:* »Wählen gehen oder nicht?«

Ich habe mit Nabil darüber diskutiert. Er denkt zum Beispiel, ein Typ aus der Cité du Paradis, der schon lange nicht mehr zur Schule geht, keinen Job findet und sein Zimmer mit vier kleinen Geschwistern teilen muss, weil seine Eltern auch nicht arbeiten, »was bringt das so einem, wählen zu gehen?«. Nabil hat recht. Der Typ muss jeden Tag ums Überleben kämpfen, was kümmern den seine Pflichten als Bürger … Wenn seine Lage sich dadurch bessern würde, hätte er vielleicht schon Lust zu wählen. Aber es gibt ja auch keine Kandidaten, mit denen er sich identifizieren könnte. Solche Typen müsste man fragen: »Wählen gehen oder nicht?«, nicht eine Klasse von pickeligen Fünfzehnjährigen. Hier geht kaum jemand wählen. Vielleicht ist das der Grund, warum die Cités so verkommen. Denn wer nicht wählt, nützt den Politikern rein gar nichts. Wenn ich achtzehn bin, gehe ich auf jeden Fall wählen. Man hat ohnehin kaum die Möglichkeit, etwas zu sagen. Wenn es dann doch mal der Fall ist, muss man es auch tun.

Egal, als wir mit dem Thema durch waren, ist Nabil jedenfalls nicht sofort nach Hause zu seiner Mutter gegangen. Er blieb und laberte und aß dabei das ganze Paket Cracker auf, das auf dem Tisch lag. Ich hatte gehofft, es würde die Woche über reichen, aber na ja, was soll's … Als der Blödmann sich endlich auf den Weg machen wollte, brachte ich ihn noch zur Tür, und da war er auf einmal so anders. Er setzte ein ernstes Gesicht auf, beugte sich zu mir und gab mir einfach einen Kuss auf den Mund. Echt wahr!

Erst frisst er mir alle Cracker weg, und dann wagt er es auch noch, mich zu küssen, ohne vorher zu fragen!

Das Schlimmste ist, dass mir dazu so schnell nichts einfiel. Ich dumme Kuh bin nur knallrot geworden, so rot wie Mamas Paprikagemüse, habe ein kaum hörbares »Tschüs!« gestammelt und die Tür geschlossen. Dann habe ich schnell ein großes Glas Wasser mit Minzsirup getrunken und mir zweimal die Zähne geputzt, um den Geschmack von Nabil loszuwerden.

Was mache ich jetzt bloß? Ich könnte allen erzählen, ich wäre vom Fahrrad gefallen und hätte das Bewusstsein verloren, und als ich wieder zu mir kam, konnte ich mich an nichts mehr erinnern, an rein gar nichts … Leider wäre das nicht sehr glaubwürdig, denn jeder weiß, dass ich kein Fahrrad besitze und auch nicht genug Geld habe, um mir eins zu kaufen. Oder ich lasse eine Gesichtsoperation machen und nehme eine andere Identität an, dann erkennt er mich nicht und versucht nie wieder, seine rauen Wurstlippen auf meinen Mund zu kleben. Igitt.

Meinen ersten Kuss hatte ich mir wirklich anders vorgestellt. Ich hatte da eher eine Traumkulisse im Kopf: an den Ufern eines Sees, im Wald, bei Sonnenuntergang, mit einem tollen Typen wie dem aus der Vitaminwerbung, der immer eine halbe Umdrehung auf seinem Stuhl macht und mit seinem Zahnpastalächeln in die Kamera strahlt: »Mit Vitamut geht's mir gut!« Mein Romeo würde mir gerade erklären, wie man mit einer Nagelfeile und einem Stein Feuer macht, und mitten in unserem philosophischen Diskurs würden wir magisch voneinander angezogen, wie in Zeitlupe, um uns dann zu küssen, ganz natürlich, als hätten wir nie etwas anderes getan. Wenn ich mir diese Szene ausmale, bin ich selbstverständlich perfekt frisiert, gut angezogen und habe etwas mehr Busen.

Von der Sache mit Nabils Mund weiß niemand. Viel zu peinlich. Nicht mal Madame Burlaud und Mama schon gar nicht. Wenn sie das erfährt, bringt sie mich um. Ich bin sauer auf Nabil, dass er mir meinen ersten Kuss geraubt und mein ganzes Paket Salzcracker leer gefressen hat, aber nicht ganz so sauer, wie ich es erwartet hätte. Ich kann mich verstehen.

Am Montag haben Madame Burlaud und ich etwas Neues ausprobiert, so eine Art Spiel. Sie zeigte mir große Fotos, ziemlich kurz hintereinander, und ich musste sagen »Gefällt mir« oder »Gefällt mir nicht«.

Weil es so schnell ging, habe ich meistens ganz automatisch geantwortet, ohne zu überlegen. Zum Beispiel sagte ich »Gefällt mir nicht«, als sie ein Foto mit einem Baby hochhielt. Wie zufällig machte Madame Burlaud bei diesem Foto eine Pause und fing auf einmal an, von dem kleinen Halbbruder zu sprechen, den ich vermutlich habe. Angeblich habe ich deshalb unbewusst »Gefällt mir nicht« gesagt. Mama und ich wissen inzwischen, dass es ein Junge ist. Eine Nachbarin in Marokko hat uns einen Brief geschrieben. Als wollte sie meine Mutter noch mehr demütigen, war er auf Französisch, und ich musste ihn ihr vorlesen.

Aber mal im Ernst: Warum soll ich mir über etwas den Kopf zerbrechen, das längst gelaufen ist? Ich sagte Madame Burlaud, dass das überhaupt nichts zu bedeuten hat: Weil es so schnell ging, hatte ich nicht richtig hingeguckt. Ein Irrtum, sonst nichts. Und außerdem, wieso muss eigentlich jeder Babys mögen? Babys plärren, stinken, sabbern und kacken die ganze Zeit … Und dann sah das Baby auf dem Foto auch noch aus wie ein Croissant, echt fies. Außerdem ist der kleine Hosenscheißer nicht mein Bruder, sondern nur der Sohn von meinem Alten. Das ist ein großer Unterschied. Madame Burlaud ist wirklich nervig, wenn sie so tut, als hätte sie auf alles eine Antwort, und dazu ihr zufriedenes Lächeln aufsetzt wie Harrison Ford in der Schlussszene von *Indiana Jones*. Im Moment sagt sie mir bei jeder Gelegenheit, ich würde mich entwickeln und es wäre normal, dass ich mir viele Fragen stelle. Ich und mich entwickeln … Schwachsinn, die braucht wirklich dringend eine neue Brille! Seit einer halben Ewigkeit bin ich jetzt eins sechzig und lege keinen Millimeter zu. Vielleicht meinte sie ja, im Kopf. Wahrscheinlich.

Lila markiert Sarahs Größe immer mit dem Bleistift an ihrem Türrahmen und schreibt das Datum daneben. Das sieht lustig aus, ganz viele kleine Striche untereinander. Wenn Sarah größer ist, schaut sie sich das bestimmt gern an. Es hängen auch überall Fotos von Sarah, von früher, als sie noch ganz klein war, bis heute.

Da hat sie wirklich Glück gehabt. Ich bin auf dem ersten Foto drei Jahre alt. Und danach kommen die Schulfotos … Wenn ich länger darüber nachdenke, werde ich ganz traurig. Ich habe das Gefühl, gar nicht vollständig zu existieren. Wenn ich mit einem Pimmel zur Welt gekommen wäre, gäbe es mit Sicherheit einen ganzen Stapel Fotoalben.

Einmal bin ich mit Sarah auf dem Heimweg vom Spielkreis bei Hamoudi vorbeigegangen.

»Hallo, kleine Prinzessin, du bist bestimmt Sarah, was?«

»Ja.«

»Du hast aber ein hübsches rosa Kleidchen an, wie eine Fee …«

»Und du, du hast gar keine schönen Zähne, das müssen wir mal der Zahnfee sagen.«

Dafür habe ich ein bisschen mit Sarah geschimpft. Ich erklärte ihr, dass es nicht nett ist, so etwas zu sagen. Aber Hamoudi machte das nichts aus. Im Gegenteil, er hat sich krankgelacht. Gut, es stimmt, Hamoudi hat ziemlich schlechte Zähne. Aber so katastrophal ist es auch wieder nicht. Außerdem kein Wunder, bei den Mengen, die er seit Jahren raucht …

Jedenfalls vergöttert er die Kleine seitdem. Er sagt, es gibt nichts Erfrischenderes als Kinder, weil sie so ehrlich und spontan sind, unverfälscht eben: »In dieser verlogenen und korrupten Gesellschaft sind Kinder die Einzigen, die noch aufrichtig sind.« Vielleicht hat Hamoudi recht. Er ist in letzter Zeit sehr nachdenklich. Übrigens sucht er auch ernsthaft Arbeit. Jedenfalls behauptet er das. Er muss ein bisschen solider werden, die Dealerei wird ihm zu gefährlich. Außerdem sagt er solche Sachen wie: »Ich bin schließlich nicht mehr siebzehn …«, und guckt dabei ganz sentimental. »Ich hab jetzt sozusagen ein Drittel meines Lebens hinter mir und noch nichts auf die Reihe gekriegt. Gar nichts …« Ich antwortete ihm, dass es ja noch nicht zu spät sei und dass er vielleicht nur Angst hätte, etwas zu ändern. Keine Ahnung, wie ich darauf kam. Vielleicht habe ich zu viele schlechte Talkshows gesehen, mit Themen wie »Ich werde betrogen, und das geht nur mich etwas an«. Trotzdem ist es komisch, was mit Hamoudi los ist, denn seine Familie hat

korrupt **verdorben, bestechlich**

ihm immer ziemlich viel Freiheit gelassen, er konnte machen, was er wollte. Nur eins nicht: weinen. Denn er ist ein Mann, und Hamoudis Vater sagt, Männer weinen nicht. Vielleicht ist das ja gerade sein Problem. Man macht sich gar nicht klar, wie wichtig es ist zu weinen.

Die Sommerferien haben schon angefangen. Heute Nachmittag ist Familie Ali nach Marokko aufgebrochen. Sie haben einen großen roten Kombi, mit dem sie jedes Jahr Frankreich und Spanien durchqueren, um in ihr Dorf zu kommen und dort zwei Monate zu verbringen. Ich sah ihnen von meinem Fenster aus zu. Sie brauchten über eine Stunde, um alles zu verstauen. Die Kinder waren herausgeputzt und man konnte ihnen die Vorfreude und das Reisefieber am Gesicht ablesen. Ich beneidete sie. Jedenfalls haben sie eine Menge Gepäck mitgenommen. Drei Viertel der Taschen waren sicher mit Geschenken für die Familie, Freunde und Nachbarn gefüllt. Das ist immer so. Die Mutter Ali hat sogar einen Staubsauger mitgenommen. Das allerneuste Modell von Rowenta. Damit wird sie da unten ganz schön punkten.

Außerdem ist jetzt ihr Haus fertig. Wenn sie ein Häuschen in ihrem Dorf bauen und sich ausschließlich von Reis und Nudeln ernähren, damit sie den Maurern ihr Geld schicken können, und wenn die Mutter einen Staubsauger einpackt, dann heißt das, dass sie sich da unten fest einrichten wollen. Den Kindern wäre das bestimmt nie in den Sinn gekommen. Aber ihre Eltern denken an nichts anderes seit ihrer Ankunft in Frankreich. Seit dem Tag, an dem sie den folgenschweren Fehler machten, einen Fuß in dieses verdammte Land zu setzen, von dem sie glaubten, es würde das ihre werden. Manche hoffen ihr Leben lang, in die Heimat zurückzukehren. Aber viele schaffen das erst im Sarg, mit dem Flugzeug versandt wie Exportware. Sicher, auf gewisse Weise werden sie auch so wieder eins mit ihrem Grund und Boden, aber ganz so buchstäblich meinten sie es wohl gar nicht ... Einigen gelingt die Rückkehr tatsächlich. Zum Beispiel meinem sogenannten Vater. Nur ist der ohne Gepäck abgereist.

Manchmal versuche ich, mir vorzustellen, was aus mir geworden wäre, wenn ich nicht als Marokkanerin, sondern als Polin oder Russin auf die Welt gekommen wäre. Vielleicht Eiskunstläuferin. Aber nicht in der Regionalklasse, wo man mit Schokomedaillen oder T-Shirts abgespeist wird, sondern richtiger Eiskunstlauf wie bei den Olympischen Spielen, zu schöner klassischer Musik und mit Leuten aus aller Welt, die deine Darbietung wie in der Schule benoten. Hallen voller Menschen, die selbst dann noch applaudieren, wenn man sich lang macht wie ein Schnitzel. Hauptsache, man behält die Fassung. Aber Eiskunstlauf ist wirklich genial, allein die Paillettenkleidchen mit den bunten Rüschen ... Das Problem ist nur, dass man bei den Hebefiguren immer die Unterhosen sieht. Deshalb wäre meine Mutter nicht gerade begeistert von der Vorstellung, dass ich im Fernsehen Eis laufe. Und wenn ich Russin wäre, hätte ich außerdem bestimmt einen superkomplizierten Namen und blonde Haare. Ich weiß, das sind nur beschissene Vorurteile. Es gibt sicher auch dunkelhaarige Russinnen mit Vornamen, die man leicht aussprechen kann, so leicht, dass man sie ständig rufen möchte, vor lauter Freude über einen so leichten Vornamen. Und vielleicht gibt es sogar Russinnen, die noch nie in ihrem Leben Schlittschuhe anhatten. Egal, jedenfalls hauen gerade alle ab, während ich zu Hause bleibe, die Cité belauere wie ein Wachhund und darauf warte, dass alle braun gebrannt aus dem Urlaub wiederkommen. Sogar Nabil ist verschwunden. Vielleicht ist auch er mit seinen Eltern nach Tunesien gefahren.

Aber weil Ferien sind, kommt er sowieso nicht mehr, um mir bei den Hausaufgaben zu helfen oder meine Aufsätze zu korrigieren. Aufsätze werde ich ohnehin nie wieder in meinem Leben schreiben, höchstens zum Thema Föhnfrisuren oder Lockenwickler. Ach ja, das hatte ich noch gar nicht erwähnt: Ich kann die Klasse auf dem Gymnasium nicht wiederholen, weil es keine Plätze für alle Sitzenbleiber gibt. Und zu denen gehöre auch ich. Also haben sie mir in letzter Minute einen Platz in einer Berufsschule hier in der Nähe besorgt, wo ich eine Ausbildung zur Friseuse machen kann. Hamoudi wurde sehr wütend, als ich ihm davon erzählte. Er wollte sofort hingehen und Ärger auf der Behörde machen und die Schule kontaktieren. Er sagte, sie haben nicht das Recht, so etwas für mich zu entscheiden. Aber ich weiß sowieso nicht, was ich sonst vorhätte – niemand hat mir je erklärt, in welche Richtung ich mich am besten orientieren soll. Und wer weiß, vielleicht finde ich den Friseurberuf ja ganz toll: Verknöcherten alten Schachteln eine Dauerwelle zu machen, die noch drei Härchen auf dem Schädel haben und ein Vermögen für die Pflege ihrer Frisur zahlen, macht mir bestimmt Riesenspaß, das spüre ich …

Bei uns im Viertel wohnt ein Mädchen, das auch eine Friseurlehre gemacht hat. Weil sie nicht genug Geld hat, um einen eigenen Salon aufzumachen, aber trotzdem selbstständig arbeiten will, fährt sie zu den Leuten nach Hause. Das Geschäft läuft gut. Vor allem, wenn im Viertel eine Hochzeit ist, wird sie gerufen. Die Mädchen lassen sich dann Föhnfrisuren machen und die Haare plätten, damit es aussieht, als hätten sie von Natur aus glatte Haare. Aber wenn sie auf dem Fest nach zwei oder drei Tänzen anfangen zu schwitzen, kräuseln sich hier und da sofort verräterische Löckchen.

plätten **bügeln, glätten**

Apropos Hochzeit: Bald wird es wieder eine geben, nämlich die von Aziz, dem Inhaber des Sidi Mohamed Market und geizigsten Lebensmittelhändler auf der Welt. Ich bin ein bisschen böse, dass er heiratet, denn dann ist die Sache für Mama endgültig gelaufen.

Rachida, unsere Nachbarin und die größte Klatschtante, die ich kenne, hat uns erzählt, dass Aziz ein Mädchen aus Marokko heiraten wird. Langsam leuchtet mir ein, warum es hier so viele unverheiratete Mädchen gibt. Wenn die Männer alle anfangen, Import-Export zu betreiben ... Schade, dass die Hochzeitszeremonie bei uns nicht so abläuft wie in Amerika, wo der Priester den berühmten Satz sagt: »Und wer etwas gegen diese Ehe einzuwenden hat, der spreche nun oder möge auf ewig schweigen.« Da gibt es immer einen supermutigen Kerl, der es wagt, die Trauung platzen zu lassen, weil er seit acht Jahren heimlich in die Braut verliebt ist. Dann erklärt er ihr seine Liebe, und sie gesteht ihm mit Tränen in den Augen, dass sie genauso empfindet. Der Bräutigam ist zwar ein bisschen sauer, aber ein fairer Verlierer, drückt dem supermutigen Kerl die Hand und sagt: »Schwamm drüber, Alter!« Dann tritt er ihm seinen Smoking ab, den er sich für sehr viel Geld geliehen hat, und der mutige Typ heiratet das Mädchen anstelle des Bräutigams, der ein fairer Verlierer ist.

Das könnte Mama auf der Hochzeit von Aziz auch machen. Sie würde Aziz sagen, dass er der einfühlsamste Mann im Viertel ist und dass sie seit Jahren aufrichtige Gefühle für ihn hegt, trotz seiner Glatze und der schmuddeligen Fingernägel. Ich sollte nicht so viel herumspinnen. So etwas würde sie nie tun. Außerdem wird die ganze Cité auf der Hochzeit von Aziz sein, und es wäre eine Schande, *Hschuma*, wenn Mama so etwas tun würde. Es ist ja nicht einmal gesagt, dass er uns überhaupt einlädt. Er hat uns so viele Kredite gegeben, die wir nie beglichen haben. Wir werden nie irgendwo eingeladen. Wenn die Feste längst vorbei sind, kommen die Leute zu Mama und entschuldigen sich, dass sie sie vergessen haben. Macht nichts. Mama und ich, wir legen keinen Wert drauf, zum Jetset zu gehören.

Jetset
→ Seite 249

Am Sonntagvormittag waren Mama und ich auf dem Trödelmarkt. Sie suchte neue Schuhe, weil in ihrem linken Treter ein kleines Loch unter dem großen Zeh ist und sie nasse Füße kriegt, wenn es regnet oder wenn sie morgens über Gras läuft.

Als wir an den Ständen vorbeischlenderten, hörte ich auf einmal zwei Mädchen hinter uns sagen: »Die ist ja noch mieser angezogen als ihre Alte … Die hat wohl auch irgendwer vom Dachboden geholt!«

»Für die ist das hier bestimmt wie in den Galeries Lafayette …«

Sie prusteten los. Unterdrücktes böses Gekicher. Ich sah Mama an. Sie hatte offenbar nichts mitbekommen, weil sie sich voll und ganz auf die Hülle einer Single von Michel Sardou konzentrierte. Auf dem Foto hatte er eine ganz schöne Matte. In den Achtzigern hat man wohl alle Friseure in ihre Heimat zurückgeschickt und in einer Höhle versteckt, und erst zehn Jahre später sind sie nach und nach wieder aufgetaucht.

Michel Sardou französischer Chansonsänger

Na ja, statt den beiden Tussis, die hinter unserem Rücken getuschelt hatten, die Nasen abzureißen und sie ungespitzt in den Boden zu rammen, drehte ich mich nicht mal um. Ich tat so, als wäre nichts, als hätte ich nichts gehört, hakte mich bei Mama unter und drückte sie an mich, denn ich war doch ziemlich wütend und fühlte die Tränen schon in meiner Nase kitzeln. Am liebsten hätte ich losgeheult, aber ich versuchte mich wieder zu beruhigen. Ich zwang mich dazu, weil ich Mama nichts davon erzählen wollte. Sie hätte sich nämlich sicher schuldig gefühlt. Außerdem betrachtete sie gerade einen Haufen Schälmesser für einen Euro, die sie ungemein zu interessieren schienen, da wollte ich sie nicht durcheinander bringen. In solchen Momenten wäre ich gern stärker. Wie gern hätte ich dann einen Panzer, der mich mein Leben lang schützt. Damit mir nichts mehr wehtun kann.

Die ganze Cité war auf der Hochzeit von Aziz. Sie hatten einen großen Festsaal in Livry-Gargan gemietet, mit einem richtigen marokkanischen Orchester, das extra für diese Gelegenheit eingeflogen worden war. Aziz hatte zwei *Negafas* angeheuert, das sind Frauen, die sich um die ganze Organisation kümmern: Dekoration, Kleidung, Make-up, Brautschmuck, Essen, all diese Dinge. Es war eine Superhochzeit, Aziz hat sich das ganz schön was kosten lassen. Jedenfalls nach allem, was man so hörte, denn wir waren natürlich wieder nicht eingeladen.

Madame Dingsbums, die Sozialtante von der Stadt, sehen wir vorläufig nicht mehr, die ist jetzt im Mutterschutz. Sie sagte, nach der Geburt ihres Kindes käme sie wieder zu uns. Das hat mich geärgert, denn sie hätte auch gleich sagen können: »In einem Jahr seid ihr immer noch arm und braucht mich.« Außerdem haben wir bis dahin ihre Vertretung am Hals, die ziemlich seltsam ist. Sie hat die Augen immer nur halb geöffnet, hinter einer klobigen rosa Brille mit Gläsern, die so dick sind wie Flaschenböden. Dann spricht sie auch noch so langsam und mit einer Gruselstimme, die klingt wie: »Ich bin der Tod! Folge mir, du bist die Nächste!« Aber was soll's, das ist mir alles egal. Ehrlich gesagt scheiße ich drauf. Das eigentliche Problem ist, dass Mama und ich für sie offenbar nur Aktennummern sind. Sie macht ihre Arbeit wie eine Maschine. Wie ein Roboter, der genau darauf programmiert ist. Wenn man ein bisschen an ihrem Rücken kratzt und die Haut ein klein wenig abschabt, stößt man bestimmt auf eine Aluminiumhülle, Schrauben und eine eingravierte Seriennummer. Ich nenne sie nur noch Cyborg.

Cyborg **künstliches Wesen aus Mensch und Maschine**

Diese Woche werde ich nicht auf Sarah aufpassen. Ihre Mutter hat Urlaub und die beiden fahren nach Toulouse zu Lilas Schwester. Es ist hart, von den Menschen getrennt zu sein, die einem etwas bedeuten.

Ich denke da an Tante Zohra und Youssef und an andere …

Tante Zohra hatte übrigens den Mut, ihrem wahnsinnigen Alten alles zu erzählen. Es gab einen üblen Streit, als er erfuhr, was passiert war, und dieser alte Irre hat sie auch geschlagen. Irgendwann hat er kurz aufgehört, weil er nicht mehr konnte und Herzflattern bekam. Also setzte er sich und verlangte ein Glas Wasser. Zohra holte ihm etwas zu trinken, und damit war es vorbei …

Sie berichtete uns alles und meinte, sie bete jeden Tag zu Gott, dass er wieder da hingeht, wo er herkommt. Wenn ich dran denke, dass Mama noch vor Kurzem betete, ihr Mann würde wieder zurückkommen …

Mir ist aufgefallen, dass sie in letzter Zeit nicht mehr so viel grübelt. Es scheint ihr besser zu gehen. Sie kann schon ein paar Wörter lesen und ist ganz stolz, wenn sie ihren Vornamen fehlerfrei schreibt. Anfangs schrieb sie das »S« immer falsch herum, wie ein kleines Kind. Hin und wieder sieht sie zwar traurig aus, zum Beispiel wenn sie auf den schwarzen Fernsehbildschirm starrt. Aber das kommt nicht mehr so oft vor. Und sie ist jetzt aktiv und frei, davon konnte früher nicht die Rede sein. Als Papa noch bei uns wohnte, kam es überhaupt nicht infrage, dass sie arbeitet, obwohl wir die Kohle dringend gebraucht hätten. Denn in Papas Augen war eine Frau nicht dazu bestimmt, arbeiten zu gehen.

Übrigens hat Hamoudi mir gestern erzählt, dass er einen Job gefunden hat. Er ist zufällig über eine Anzeige in der *Paris Boum Boum* gestolpert. Ein Mietservice für Hi-Fi-, Video- und Computergeräte suchte einen Wachmann. Er hat sofort hingeschrieben und wurde prompt eingestellt. Es ist zwar nicht so toll, dass er nachts arbeiten muss, aber er ist trotzdem froh, dass er eine seriöse Arbeit gefunden hat, das ist besser so. Auch wenn er das Gefühl hat, als Wachhund eingestellt worden zu sein – egal …

Paris boum boum **kostenloses Pariser Anzeigenblatt, erscheint montags**

Das erinnert mich an die Schilder an manchen Häusern, mit dem Foto eines supergefährlichen Dobermanns und einer Sprechblase: »Vorsicht, bissiger Hund!«, obwohl jeder weiß, dass in diesem Haus nur ein Zwergpudel namens Pummel wohnt, der panische Angst vor Kindern und Fliegen hat.

Diesen Montag war es bei Madame Burlaud überhaupt nicht wie sonst. Ich war kaum reingekommen, da bat sie mich, Platz zu nehmen, und verließ das Sprechzimmer mit den Worten: »Ich bin gleich wieder da«, wie bei einer Werbepause in einer Unterhaltungssendung. Es dauerte zwanzig Minuten, bis sie wiederkam ... und ich stellte fest, dass sie nach Alkohol roch. Und zwar nicht zu knapp. Gut, das allein war ja noch nicht schlimm ... In der Sitzung hatte ich nicht viel zu erzählen, und irgendwann schlug sie ihre kurzen Beinchen übereinander und fragte mich: »Na, und, hast du vielleicht irgendwas Lustiges auf Lager?« In dem Moment sah ich, dass sie Strapse trug. Ich blickte abwechselnd in ihr Gesicht und auf die Strapse und hielt das für einen gelungenen Witz. Dann fing sie an, mir lauter Fragen über Mama zu stellen, indiskrete Sachen zu ihrem Liebesleben und so ... Ich sagte ihr, sie habe keins mehr, seit ER weg ist. Madame Burlaud wollte wissen, ob ich damit rechne, dass Mama ein neues Leben mit einem anderen Mann beginnt. Und ob! Ich rechne nicht nur damit, ich plane es regelrecht!

Ich habe eine Sendung über Singles und neue Möglichkeiten des Kennenlernens gesehen. Eine Sache nennt sich *»speed dating«*. Das muss irgendwas Schnelles sein. Das weiß ich, weil man bei Speed Burger einen Hamburger bestellen kann, der in zwei Minuten fertig ist, und zwar 100 % Halal. Jedenfalls sind diese *speed datings* organisierte Verabredungen. Du stehst jemandem, den du nicht kennst, sieben Minuten lang gegenüber. Gerade lang genug, um sagen zu können: »Ich mag deine Fresse nicht« oder: »Wohnst du noch bei deiner Mutter?« Leider kann ich mir Mama bei so etwas überhaupt nicht vorstellen. In Wirklichkeit glaube ich nicht daran, dass sie noch mal jemanden kennenlernt. Ich habe das nur gesagt, weil ich es mir wünsche, das ist alles.

Halal
→ Seite 249

Es sei denn, jemand klingelt an der Tür und hält um ihre Hand an. Aber im Moment ist sie ohnehin kaum zu Hause, nur diesen Monat hat sie Ferien von ihrer Fortbildung. Ich werde ihre Sprechzeiten an die Tür hängen, wie bei einem Arzt, vielleicht auch gleich mit bestimmten Auswahlkriterien:

Alkoholiker, Alte und Feiglinge zwecklos.

Vielen Dank für Ihr Verständnis.

Bevorzugt: fleißige, kultivierte, humorvolle,
charmante Männer mit schönen Zähnen,
Briefmarkensammler und Liebhaber von
geschälten Tomaten in der Dose.

Ich weiß, mit den Alten war ich vielleicht ein bisschen hart, aber Alkoholiker kommen gar nicht infrage. Ich will nie wieder draußen vor einer Kneipe in der Innenstadt warten, bis er mit dem Saufen fertig ist, um ihn nach Hause zu bringen, weil er sich in besoffenem Zustand nicht an den Weg erinnert. Und ich will auch nie wieder die peinliche Situation erleben, während des Ramadan im Sidi Mohamed Market Sixpacks Bier kaufen und die leeren Flaschen anschließend in den Container schmeißen zu müssen. Wenn die Flaschen unten im Container zerschellten, machte es einen Höllenlärm, und das ganze Haus wusste, wie viele Flaschen mein Vater wieder geleert hatte. Für die Unmengen Glas, die er der Wiederverwertung zuführte, hätte er eigentlich eine Ehrenauszeichnung der Republik verdient und das Maskottchen der Ökopartei werden können. Ich hätte gern meinen Vater gegen den Tony Danza aus *Who's the Boss* getauscht, aber der war schon vergeben. Ich glaube, das wird nicht gehen.

Tony Danza
→ Seite 250

Hamoudi mochte seinen neuen Job. Die Gesetzestreue begann ihm zu gefallen. Aber sie haben ihn gefeuert, weil irgendwelche Dinge aus dem Lager verschwunden sind, Waren im Wert von über sechstausend Euro. Und sie hielten Hamoudi für den Schuldigen. Nicht mal seine Eltern glaubten ihm, dass er nichts damit zu tun hat. Aber die sind ohnehin der Ansicht, er würde zu nichts taugen, das sagen sie ihm die ganze Zeit.

Ich habe ihm geglaubt. »Ist auch egal, ich bin sauber, ich habe mir nichts vorzuwerfen, ich habe meinen Job gut gemacht, ich bin nicht ein einziges Mal eingeschlafen! Das Einzige, was sie mir vorwerfen können, ist meine Fresse«, rief er, riss die Augen auf und zeigte mit dem Finger auf sein Gesicht. Ich habe mich nicht getraut, ihm zu sagen, dass er schön ist, aus Angst, er könnte gleich sonst was denken. Hamoudi ist ein ziemlich dunkler Typ mit großen, haselnussbraunen Augen … Ein richtiger Südländer eben. Er sagt, genau deshalb hätten sie ihn ja verdächtigt. Ich weiß nicht, ob er unter Verfolgungswahn leidet, aber die hatten auf keinen Fall das Recht, ihn ohne Beweise zu beschuldigen. Das macht man nicht.

Das Leben ist wirklich voller Enttäuschungen. Heute Morgen auf dem Rückweg vom Markt belauschte ich im Bus die Unterhaltung von zwei Mädchen und einem Typen. Die beiden Mädchen sahen aus wie Zwillinge. Sie liefen nicht nur mit den gleichen Klamotten und Frisuren rum, sie sprachen auch eine wie die andere.

Der Typ war klein und hatte die ganze Zeit über den Mund offen stehen. Aber er sagte kein Wort, Gott sei Dank. Er hörte nur zu. Die Mädels kauten Kaugummi und ließen ungefähr nach jedem Satz eine Blase knallen.

»Kennst du *Das Chamäleon?*«.

»Klar, voll krass.«

»Guckst du jeden Tag?«

»Yep!«

»Und was sagst du zu dem Typen?«

»Voll krass!« (Blase)

»Der heißt Jarod …« (Blase)

»Yep, krass! Sieht verdammt cool aus!«

»Ist aber schwul!« (Blase)

»Echt?«

»Echt.« (Blase)

»Wahnsinn! Woher weißt du das?« (Blase)

»Hat meine Schwester gesagt, die hat's aus dem Internet.«

»Yep, echt Wahnsinn. Läuft der da im Internet als Schwuli rum, echt krass, Mann …« (Blase)

James Dean → Seite 250
Claude François → Seite 250
Christian Morin → Seite 250

Nicht Jarod. Wenn sie James Dean gesagt hätten, Claude François, Michael Jackson oder Christian Morin, meinetwegen. Aber nicht Jarod. Von der Handlung bekam ich nie viel mit, nur seinetwegen klebte ich immer wie eine Idiotin am Fernseher. Er ist einfach zu schön für diese Welt. Haben die anderen Schwulen ein Glück.

Madame Burlaud sagt immer, ich müsste mein Leben lang mit Enttäuschungen fertig werden, daran sollte ich mich gewöhnen. Kann ja sein. Aber das hier stand nicht im Vertrag.

Komisch, ich muss die ganze Zeit an Nabil die Null denken, ich verstehe immer noch nicht, warum er das getan hat. Warum er sich plötzlich entschlossen hat, mir seinen großen Mund aufzudrücken. Und dann auch noch mit diesen dicken Lippen – ich hatte regelrecht Angst, er würde mich aufsaugen, dann wäre ich in seinem Innern gefangen. Und wenn ich wieder draußen wäre, würden mich Fernsehsender aus aller Welt zu meinem Aufenthalt in Nabil dem Loser interviewen wollen. Anschließend würde ich ein Buch schreiben mit dem Titel *Die Reise zum Mittelpunkt des Nabil*, das der absolute Bestseller würde.

Ich wüsste zu gern, wann er zurückkommt, nur so, aus purer Neugier. Ach ja, und auch, um ihm zu sagen, dass er mir noch eine Erklärung schuldet: Er hat nämlich nicht nur Akne, er verscherzt es sich echt mit allen.

Mama hat diese Woche noch Ferien, also machten wir zusammen einen Ausflug nach Paris. Sie hat zum ersten Mal den Eiffelturm aus der Nähe gesehen, obwohl sie seit fast zwanzig Jahren gerade mal eine halbe Stunde entfernt wohnt. Sie kennt ihn sonst nur aus dem Fernsehen, von den 13-Uhr-Nachrichten oder wenn er Silvester beleuchtet ist und die Leute zu seinen Füßen feiern, tanzen, sich umarmen und vollstopfen. Jedenfalls war sie ganz schön beeindruckt.

»Der ist bestimmt zwei oder drei Mal so hoch wie unser Haus, oder?«

Ich antwortete, ja, bestimmt. Nur dass die Touristen unser Haus und die Cité insgesamt nicht so interessant finden. Da gibt es keine Mafiagangs von Japanern mit Fotoapparat vor der Tür. Die Einzigen, die sich dafür interessieren, sind verlogene Journalisten, die beschissene Reportagen über die Gewalt in den Vorstädten schreiben.

Mama hätte sich den Eiffelturm noch stundenlang ansehen können. Ich finde ihn hässlich, aber beeindruckend ist er schon, weil er so hoch ist. Ich wäre gern mit den roten und gelben Aufzügen hochgefahren, die aussehen wie Ketchup und Mayo, aber das war zu teuer. Außerdem hätte man mit Deutschen, Italienern, Engländern und einem Haufen anderer Touristen Schlange stehen müssen, die weder Angst vor der Höhe haben noch davor, ihr Geld aus dem Fenster zu werfen. Wir hatten auch nicht genug Geld, um eine Miniaturausgabe des Eiffelturms zu kaufen. Die ist zwar noch hässlicher als das Original, aber irgendwie wäre es schick, eine auf dem Fernseher stehen zu haben. Das ist der totale Wucher an den Touri-Ständen. Dabei verkaufen die Typen nur Mist. Am Ende hat mir auch noch eine Taube auf die Schulter geschissen. Ich habe unauffällig versucht, mich an einer Statue von Gustave Eiffel, 1832–1923, abzuwischen, aber die Kacke war ziemlich hartnäckig. In der Bahn glotzten

Hschuma
s. Seite 76 im Text

Cosette
→ Seite 250

alle Leute auf den Fleck, das war vielleicht eine *Hschuma*. Ich war so sauer – ausgerechnet die Jacke, die einen nicht ganz so ärmlichen Eindruck macht. In den anderen sehe ich aus wie das arme Dienstmädchen Cosette. Aber eigentlich ist mir egal, ob man es sieht oder nicht, arm bin ich so oder so. Später, wenn ich ein bisschen mehr Busen und Grips habe, wenn ich also erwachsen bin, dann werde ich Mitglied in einem Verein, der den Leuten hilft.

Zu wissen, dass andere einen brauchen und dass man nützlich sein kann, ist doch ein tolles Gefühl.

Vielleicht könnte ich dann auch mal Blut oder eine meiner Nieren einem Kranken spenden, der schon lange auf der Warteliste steht. Aber nicht nur, um ein gutes Gewissen zu haben und mich beim Abschminken abends nach der Arbeit in aller Seelenruhe im Spiegel ansehen zu können, sondern weil ich es wirklich möchte.

Lila und Sarah sind wieder zurück aus Toulouse, sie haben mir Kekse mitgebracht. Bestimmt gibt es nicht den geringsten Zusammenhang zwischen Toulouse und diesen Keksen, trotzdem ist es eine nette Geste. Lila hat erzählt, wie es bei ihrer Schwester war. Und sie hat viel von sich geredet, über ihr Leben, bevor sie in die Cité du Paradis kam, mit Sarahs Vater und so …

Lila kommt aus Algerien, wie Tante Zohra. Sie hat ihre Familie sehr früh verlassen, weil sie ihr eigenes Leben führen wollte, wie in den Romanen, die sie mit sechzehn Jahren las. Als sie Sarahs Vater kennenlernte, war sie noch sehr jung. Die beiden verliebten sich sofort ineinander. Ihre Geschichte begann wie in einem Sonntagnachmittagsfilm: endlose Spaziergänge an herrlichen Sommertagen und alle zehn Meter ein »Ich liebe dich« …

Leider waren beide Familien gegen die Verbindung. Die Familie von Sarahs Vater ist seit, keine Ahnung, mindestens achtzehn Generationen bretonisch, während Lilas Familie fest in Algerien verwurzelt ist und Wert auf Brauchtum und Religion legt. Lilas Verwandte waren also prinzipiell dagegen und die Leute ihres Exmanns hatten so ihre Probleme mit der Sonnenbräune. Dennoch beschlossen die beiden zu heiraten, obwohl es schon damals heftig kriselte. Lila sagte, rückblickend wäre ihr mittlerweile klar, dass sie es mehr aus Trotz taten denn aus Liebe. Den Tag ihrer Trauung hat sie übrigens in ganz schlechter Erinnerung. Eine Stimmung wie auf dem Friedhof, kaum ein Gast kam aus ihrer Familie, und rein zufällig war im Hochzeitsessen, das der Schwiegervater zubereitet hatte, jede Menge Schweinefleisch. Am liebsten hätte er wohl noch welches in die Hochzeitstorte gemischt. Er riss dumme Witze über Religion und schüttete sich aus vor Lachen. Bei jedem Familienessen – wenigstens bei allen, zu denen sie eingeladen war – kramte er diese atheistischen Witze wieder hervor. Und Lila fühlte sich dort ohnehin nicht wohl …

bretonisch
→ Seite 250

atheistisch
die Existenz Gottes verneinend

Eines Tages hatte sie die Sprüche ihres Schwiegervaters, die Würstchen zum Aperitif und ihren notorisch arbeitslosen Mann, der die ganze Zeit auf dem Sofa herumgammelte, sich irgendwelche Wiederholungen im Fernsehen anglotzte und dabei Bier soff, schließlich satt. Also reichte sie die Scheidung ein, was gar nicht so einfach war. Heute zieht sie ihre Tochter alleine groß, aber sie hofft immer noch, jemanden kennenzulernen, der wirklich »zu ihr passt«. Das erinnerte mich an einen Artikel über alleinerziehende Mütter, den ich in einer Zeit-

Femme Actuelle französische Frauenzeitschrift

schrift beim Arzt gelesen hatte. Eins wurde mir jedenfalls klar: Hinter Lilas Fassade als Kassiererin eines Supermarkts, die sich interessante Artikel aus der *Femme Actuelle* ausschneidet, steckt eine hoffnungslose Romantikerin.

Vielleicht ist das, was die Frauenzeitschriften über den idealen Mann schreiben, ja gar nicht so falsch. Es gibt dreiseitige Artikel darüber, dass der Richtige, also der Mann, den du brauchst, nie weit weg ist, man bemerkt ihn nur oft nicht gleich. Dann kommt der Bericht von Simone, neununddreißig, die erzählt, dass ihr früherer Flurnachbar Raymond sich am ersten Tag in sie verliebt hatte. Anfangs würdigte sie ihn keines Blickes, aber heute ist er die große Liebe ihres Lebens. Sie sind verheiratet und haben zwei Kinder. Das ist die Geschichte. Sie sind glücklich, weil sie ein stinknormales spießiges Leben führen wie alle anderen.

Wer weiß, vielleicht ist der ideale Mann, den ich jetzt keines Blickes würdige und mit dem ich später zwei Kinder habe, ja Nabil … Früher habe ich mich über ihn lustig gemacht und ihn eine arme Socke genannt. Aber wenn ich die Sachlage genauer betrachte, hat er mir monatelang geholfen, ohne etwas dafür zu verlangen. Außerdem war es ziemlich mutig von ihm, mich einfach so zu küssen, ich hätte ihn ja auch irgendwohin treten können, wo es richtig wehtut. Madame Burlaud würde mir sicher raten, Nabil eine Chance zu geben. Eigentlich ist er ja auch gar nicht so schlimm. Im Grunde ist er sogar ganz in Ordnung. Und so eine Akne dauert schließlich auch nicht ein Leben lang. Wenn er aus den Ferien zurück ist, werde ich richtig mit ihm reden und nicht mehr die Autistin spie-

Autistin → Seite 250

len, wie ich es sonst immer mache, um mich zu schützen. Vielleicht ist es ja auch gar nicht nötig, dass ich viel rede. Es wird so laufen wie in den Liebesfilmen, wo die Helden sich ganz ohne Worte verstehen. Hoffentlich ist es bei Nabil und mir genauso. Das käme mir sehr entgegen …

Mit Mama habe ich noch nicht darüber gesprochen, aber ich glaube, sie mag Nabil, weil er ein ehrgeiziger Typ ist. Er will sich sogar bei *Bigdil* bewerben und das Auto gewinnen. So etwas bewundere ich, ich habe nämlich überhaupt keine Pläne für die Zukunft. Ich sollte es so machen wie Sheriff, der schon seit Jahren Pferdetoto spielt und jedes Mal verliert. Aber er pfeift drauf und macht weiter. Vielleicht ist das die Lösung: immer einen Funken Hoffnung bewahren und keine Angst vor dem Verlieren haben.

Bigdil
→ Seite 250

In der Cité gibt es Neuigkeiten von Samra, der Gefangenen aus unserem Haus, die von ihrem Bruder und ihrem Vater so zur Verzweiflung getrieben wurde, dass sie irgendwann abhaute. Angeblich ist sie vor ein paar Tagen gesehen worden, ganz in der Nähe oder ganz weit weg, ich weiß nicht mehr. Auf jeden Fall heißt es, sie sei wegen eines Jungen von zu Hause weggelaufen. Ich hatte mir schon gedacht, dass sie einen guten Grund haben musste, aus ihrem Knast auszubrechen. Anscheinend geht es ihr gut. Den Typen hat sie wohl letzten Dezember in einem Spielwarengroßhandel kennengelernt, wo sie in den Ferien arbeitete. Ihr Job war es, die Weihnachtsgeschenke einzupacken, und ihre gute Technik muss dem Typen, der auch dort arbeitete, gefallen haben. Alle sagen, er ist ein *Toubab*, also ein Weißer, ein Camembert, eine Aspirin … Samras Bruder, der einen Boxhandschuh an Stelle eines Gehirns hat, will den armen Kerl umbringen, dabei hat der nur den Fehler begangen, seiner Schwester ein bisschen Liebe zu geben. Wenn man mich fragt, mussten sie untertauchen, damit sie ihre Ruhe hatten – wie Flüchtlinge, die nur den Wunsch haben, ganz normal zu leben. Manchmal habe ich den Eindruck, einige Menschen müssen sich alles mühsam erkämpfen. Sogar die Liebe.

Na ja, aber jetzt ist sie ja mit dem Mann, den sie liebt, zusammen, weit weg von ihrem Zuchthaus-Zuhause, und kann machen, was sie will. Im Großen und Ganzen ist sie frei. Wenigstens mehr oder weniger … Denn er darf bloß nicht mit ihr Schluss machen. Sollte er nach einem Jahr ihre Sachen die Treppe runterschmeißen und ihr »Hau ab!« hinterherbrüllen, könnte die Ärmste sich nur noch leise verkrümeln. Sie müsste sich ein schäbiges Hotelzimmer nehmen und es mit einem Teil des Geldes bezahlen, das sie in der Wäscherei als Büglerin verdient. Und vor allem würde sie an nichts mehr glauben. Weder an die Männer noch an die Liebe.

Ich bekomme Weisheitszähne. Es tut verdammt weh. Wahrscheinlich muss ich zu Madame Atlan. Madame Atlan ist die Zahnärztin in unserem Viertel. Bei ihr muss man keine Angst haben. Sie ist sehr nett, aber sie scheint ihren Beruf während des Golfkriegs oder einer türkischen Invasion erlernt zu haben, ich weiß nicht mehr. Jedenfalls ist sie für eine Frau ziemlich brutal. Einmal hätte sie mir fast den Kiefer rausgerissen. Ich versuchte zu schreien und zappelte auf dem Stuhl herum, damit sie meine Schmerzen bemerkt, aber sie ließ sich nicht stören und meinte nur: »Du bist ein tapferes Mädchen, weiter so!«

Ich hatte immer noch fiese Schmerzen, deswegen versuchte sie mich abzulenken: »Magst du eigentlich Couscous mit Hackbällchen?«

Als Jugendliche konnte sie sich bestimmt nicht entscheiden, ob sie Catcherin, Geheimagentin oder Zahnärztin werden sollte. Die Wahl fiel ihr garantiert nicht leicht, aber schließlich entschied sie sich für den Beruf, der Gewalt und Perversion am besten vereint. Das war für eine Psychopathin wie sie sicher am amüsantesten.

Ich könnte mir vorstellen, dass sie in meinem Alter depressiv und leicht masochistisch veranlagt war. Wahrscheinlich kleidete sie sich wie Action Man, hörte abends zum Einschlafen Hard Rock und aß statt Süßigkeiten löffelweise Kaffeepulver. Und als sie eines Tages im Supermarkt ein Paket Reis kaufte, verliebte sie sich in den schwarzen Amerikaner, dessen Foto auf dem orangefarbenen Karton prangte. Der Typ hieß Uncle, und sein Nachname war Ben's. Der alte Ben's ist schon seit Jahren auf den Reispaketen, er muss also steinalt sein. Wer weiß, vielleicht ist er längst tot und keiner ahnt es. Vielleicht hat die Reisfirma Uncles Tod aller Welt verschwiegen, um die vielen Kunden nicht zu enttäuschen. Möglicherweise ist der arme Uncle völlig vereinsamt und allein gestorben, mitten in einem Reisfeld. Und was ist mit dem Jungen auf den Schachteln der Kinderschokolade – das Foto ist doch mindestens zwanzig Jahre alt! Der Typ ist heute bestimmt dreißig, leitender Angestellter in einem Unternehmen, das Deos mit Lavendelduft herstellt, mit einer dickbusigen Blonden verheiratet und lebt in den Staaten in einem dieser schicken Vororte, in denen ein Haus aussieht wie das andere, mit Swimmingpool und Jeep davor. Und alle

Perversion **gegen das Natürliche gerichtete Verhaltensweise**
Psychopathin **Mensch mit Persönlichkeitsstörung**
masochistisch **hier: selbstquälerisch**

haben einen Hund, der nicht beißt, sondern lieb in seiner Hundehütte sitzt, auf der sein Name steht: Walker.

Ich frage mich, warum die Weisheitszähne so heißen … Weil man immer mehr weiß, je größer sie werden? Dann weiß ich jetzt, wie sehr Wissen wehtut.

Ich muss schon sagen, das hätte ich wirklich nicht gedacht. Sarah hat mir alles erzählt. Wenn sie nicht schon vier Jahre alt wäre, hätte ich ihr kein Wort geglaubt. Als ich gerade in einer von Lilas Zeitschriften blätterte, baute sie sich vor mir auf, sah mich mit ihrem »Ich weiß etwas, was du nicht weißt«-Blick an und sagte: »Und meine Mama ist nämlich in den großen Kerl mit den schlechten Zähnen verliebt.«

Lila und Hamoudi! Ich dachte, ich bekomme einen Asthmaanfall. Wie konnten sie mir das antun? Ich fühlte mich wie in einer Reportage der Sendung *Von sieben bis acht*, moderiert von Ken und Barbie: »Erst fünfzehn Jahre und schon völlig ernüchtert. Das Leben ist für sie nur eine kurze Illusion. Seit ihrer Geburt ist sie eine herbe Enttäuschung für ihre Eltern. Vor allem für ihren Vater, der einen kleinen Jungen von 3500 g und 51 cm erwartet hatte, ausgestattet mit einem Pimmel von durchschnittlicher Größe, vielleicht um sich in seiner eigenen Männlichkeit bestätigt zu sehen. Und dann die Tragödie: Er zeugt ein kleines Mädchen, das sich heute schon fragt, was es eigentlich hier soll …«

In diesem Moment erscheine ich auf dem Bildschirm, mit verschwommenem Gesicht und künstlich verzerrter Stimme, die wie in einem Zeichentrickfilm klingt. Ich drehe mich zur Kamera um und packe aus: »Na ja, ich meine, wofür lebt man eigentlich? Ich habe noch keinen Busen, mein Lieblingsschauspieler ist schwul, überall herrschen Krieg und Ungerechtigkeit, und dann kommt der Hammer: Hamoudi hat etwas mit Lila und sagt mir kein Wort! Es ist doch: ein Scheißleben …«

An diesem Punkt übernimmt eine männliche Stimme aus dem Off, begleitet von einer unheimlich traurigen Hintergrundmusik.

»Die Kleine hat nicht unrecht … Es ist wirklich ein Scheißleben. Ich glaube, ich werde aufhören, die Offstimme im Fernsehen zu sprechen, dieser Job ist doch kacke, man bekommt nicht die geringste Anerkennung, ich meine, von uns will niemand ein Autogramm auf der Straße, wir werden nicht berühmt, das ist ein Beruf für Idioten. Ich werde eine Selbsthilfegruppe gründen, *Die anonymen Offstimmen*, weil kein Schwein meinen Namen im Abspann zur Kenntnis nimmt. Ich habe es satt, ich kann nicht mehr …

Und da ich heute schon mal die Gelegenheit habe, möchte ich gleich mein Auto zum Verkauf anbieten. Ein grüner Twingo in gutem Zustand, so gut wie neu, gerade mal sieben Jahre alt …«

Ausgerechnet von Sarah musste ich es erfahren. Und was kommt als Nächstes? Warum hat Hamoudi mir nichts erzählt? Hält er mich für ein kleines Mädchen? Vielleicht meint er, ich würde nichts von solchen Sachen verstehen? Ich habe schon viel kompliziertere Dinge verstanden. Wenn Mama irgendwelche Formulare auszufüllen hat, mache ich das immer für sie, das war schon so, als mein Vater noch da war. Obwohl es mir sonst wo stand, denn dieser Steuerkram ist das reinste Chaos. Einmal fragte ich meinen Vater, wie Mama und er das denn früher hingekriegt hätten, als ich noch nicht lesen und schreiben konnte. Das hielt er für eine Unverschämtheit. Er hat mich geschlagen. Und nicht mal wenig. Lange und doll. Aber ich habe nie geweint. Jedenfalls nicht vor ihm, denn mein Vater war genauso wie der von Hamoudi: Er dachte, Mädchen wären schwach und könnten nur weinen und Geschirr abspülen.

Zum Glück sind nicht alle Väter so. Nabils Vater zum Beispiel ist nett. Er hat ihn noch nie geschlagen und redet mit ihm über alles. Wenn schönes Wetter ist, gehen sie sogar zusammen spazieren. Nabil hat wirklich Glück: Seine Eltern sind gebildet, sie können lesen und schreiben, und zu seinem dreizehnten Geburtstag haben sie ihm diese verdammten Inlineskates gekauft, von denen ich mein Leben lang träume und die ich mir Weihnachten aus einem Versandhauskatalog ausgeschnitten habe, nur um sie mal aus der Nähe zu sehen.

Hamoudi hat nichts kapiert. Ich bin kein kleines Mädchen mehr.

Madame Burlaud hat völlig recht: Mit der Zeit ändert sich so manches. Die Frau sollte sich auf chinesische Sprichwörter spezialisieren. Sie sagte das neulich zu Mama, die durch ihren Kurs einen neuen Job gefunden hatte. Als sie mir die Neuigkeit mitteilte, sah sie richtig glücklich aus, und das war schon eine Ewigkeit nicht mehr vorgekommen. Sie arbeitet jetzt in der städtischen Kantine und teilt den Kindern der Jean-Moulin-Grundschule das Mittagessen aus. Auf ihrer Schürze steht sogar in rosafarbenen Buchstaben ihr Name: Yasmina.

Nur eine Kleinigkeit stört sie: Vor allem dienstags wird in der Kantine oft Schweinefleisch gekocht, und sie ist überzeugt, dafür in die Hölle zu kommen. Einmal hat sie mir anvertraut, das *haâlouf* habe doch richtig lecker ausgesehen ... Ich musste ganz schön lachen. Aber sie hatte ein unglaublich schlechtes Gewissen, so etwas auch nur gedacht zu haben.

haâlouf
arabisch: Schwein

Ich weiß nicht, was sie bei der Fortbildung mit ihr angestellt haben, aber sie ist nicht mehr dieselbe. Sie ist viel glücklicher, viel ausgeglichener. Das haben sie in der *Paris Match* auch über Céline Dion geschrieben, nach der Geburt ihres Babys René-Charles. Außerdem kann Mama langsam immer besser alleine lesen. Einzelne Silben liest sie schon fast fehlerfrei. Manchmal bleibt sie auf der Straße plötzlich stehen, um Werbeplakate oder die Schilder über den Geschäften zu lesen. Neulich hat sie sogar eine Zeitung gekauft. Okay, es war nur die *Charlie Hebdo*, weil da so viele Bilder drin sind, aber immerhin ... Selbst die Cyborg-Tante musste zugeben, dass Mama große Fortschritte macht.

Céline Dion
französische Sängerin

Charlie Hebdo
französisches Satiremagazin, erscheint wöchentlich

Die fällt mir gerade ein, weil sie neulich überraschend zu Besuch kam. Sie stellte eine Menge Fragen über Mamas neue Arbeit, dann begann sie über meine Schullaufbahn und meine Zukunft im Friseurberuf zu sprechen. Was denkt die sich eigentlich? Dass es meine große Leidenschaft ist, anderen in den Haaren herumzufummeln? So eine *** (Autozensur)! Offensichtlich hat sie es versäumt, sich die entscheidenden Sätze in unserer dicken Akte mit dem Textmarker anzustreichen. Sie hat noch nicht kapiert, dass ich überhaupt keine Wahl hatte. Da hielt die dumme Kuh sich plötzlich für ganz schlau, sah mich an und sagte: »Es ist aber zu einfach, sich nicht zu entscheiden und andere die Wahl für dich treffen zu lassen, Doria …«

Da habe ich eine hollywoodreife Vorstellung hingelegt. Ich sah ihr direkt in die Augen und fragte sie mit weinerlicher Stimme und einem Tränchen im Augenwinkel: »Meinen Sie wirklich?«

Das hat die Cyborg-Puppe ganz schön aus dem Konzept gebracht! Weil ihr dazu nichts einfiel, begann sie mit Mama über den Krieg im Irak zu reden.

Krieg im Irak
→ Seite 250

»Frauen und Kinder haben immer am meisten darunter zu leiden. Krieg ist einfach furchtbar! Und, ach ja: Ich habe gehört, dass Sie die Miete für diesen Monat pünktlich überweisen konnten, richtig?«

Derweil schritt ich in königlicher Haltung in die Küche, um den Gasherd zu schrubben, bevor Cyborg ihre Inspektion antrat, denn der sah ziemlich eklig aus.

Vielleicht sollte ich ja so was machen. Ich meine, schauspielern. Kino ist doch wirklich klasse. Dann bin ich umgeben von Ruhm, Geld, Preisen … Ich sehe mich schon auf dem Festival von Cannes posieren und im Blitzlichtgewitter der Paparazzi lächeln, gekleidet wie Sissi, die Kaiserin. Ich würde der Menge, die gekommen ist, um mir zuzujubeln, ganz lässig zuwinken. All die Leute wären nämlich nur gekommen, um mich zu sehen – nicht Nicole Kidman oder Julia Roberts, nein, nur mich. Und Mama würde in den Fernsehinterviews ganz gerührt sagen: »Isse schon lanke Zeit, isch träume von meine Tochter, die Treppen von Cannes aufsteigen, isse wundebar, viele Danke …« Nicht die Treppen, Mama, die Stufen … Während ich also die Stufen emporsteige,

Festival von Cannes
→ Seite 250
Paparazzi aufdringliche Fotografen bzw. Skandalreporter
Sissi, die Kaiserin
→ Seite 250

hoffe ich insgeheim, die Zeremonie möge auch im marokkanischen Fernsehen übertragen werden. Mein Vater wird sich dafür in den Hintern treten, abgehauen zu sein, denn nun ist seine Tochter ein Star. Kein dummes Bauernmädchen. Während der Preisverleihung im großen Saal des Palastes sehe ich in der ersten Reihe Mama, Hamoudi, die schwangere Lila, Sarah und Madame Burlaud. Robert De Niro bittet mich auf die Bühne, um den Preis für die beste weibliche Hauptrolle in Empfang zu nehmen. Der Lümmel nutzt die Gelegenheit, mich zu küssen und unbemerkt seine Handynummer in mein Dekolleté gleiten zu lassen. Das Publikum ist aufgesprungen. Ich vor all diesen Menschen. Stürmischer Beifall! Vorausschauend wie ich bin, habe ich eine geistreiche Rede vorbereitet. Und damit das Ganze ungezwungener, authentischer und ganz natürlich rüberkommt, habe ich sie auswendiggelernt: »… Nicht zuletzt danke ich dem Sozialamt von Seine-Saint-Denis, dass es die Reise nach Cannes übernommen hat … Danke, liebes Publikum!«

Seine-Saint-Denise **Departement nördlich von Paris**

Das ist noch nicht alles, mir fällt nur gerade auf, dass ich, statt zu träumen, diesen beschissenen Gasherd etwas gründlicher bearbeiten sollte, er ist nämlich echt versifft. Diese Überraschungsbesuche sind zum Kotzen.

Nach ihrer kleinen Inspektionsrunde verabschiedete sich unsere werte Cyborg-Lady endlich.

Wir dachten, damit wäre es gut. Feierabend. Schnitt. Alle verlassen den Drehort. Aber nein. Eine Viertelstunde später tauchte sie erneut auf, in totaler Panik und völlig außer Atem, weil sie alle Stockwerke zu Fuß hochlaufen musste – der Aufzug ist mal wieder kaputt. Sie erklärte, jemand habe ihren Opel Vectra geklaut, den sie genau vor dem Haus geparkt hatte. Sie war noch einmal hochgekommen, um ein Taxi zu rufen. Worauf Mama erstaunt erwiderte: »Aber Madame, das Telefon ist uns doch schon vor zwei oder drei Monaten abgestellt worden.« Die Cyborg-Tussi guckte, als hätte sie den Leibhaftigen gesehen: »Das stand aber gar nicht in der Akte ...!«

Als ich neulich abends Hamoudi traf, hat er mir von der Geschichte mit Lila erzählt. Eigentlich wollte ich ernsthaft und erwachsen mit ihm darüber diskutieren, warum er mir nichts davon gesagt hat ... Aber dann habe ich mich doch nicht getraut. Er sah so verliebt aus. Ich wollte ihm seine euphorische Stimmung nicht versauen. Zwei Stunden lang hat er nur von ihr gesprochen. Lila hat Rimbaud abgelöst. Der Dichter ist weg vom Fenster. Abgemeldet. Er hat sogar vor, sie mit dem Geld von seinen Drogendeals zu einem Wochenendtrip einzuladen.

euphorisch in gehobener Stimmung sein

Und dann fing er an, über das Schicksal zu reden. Nicht schon wieder! Irgendwie hängt hier immer alles mit dem Schicksal zusammen. Egal ob gut oder schlecht. Mich scheint das Schicksal allerdings gerade nicht so zu mögen. Madame Burlaud sagt, ich hätte es mir immer noch nicht abgewöhnt, dauernd enttäuscht zu sein. Die ist nicht nur helle, sie ist ultrahell. Sie hat recht, das hat sie mir schon vor den Ferien gesagt. Mit dem Ergebnis, dass ich mich den ganzen Sommer über quäle. Da ich nichts Besseres zu tun hatte, bereitete ich mich mental auf Nabils Rückkehr vor. Ich erwartete tatsächlich irgendein spektakuläres Ereignis, so etwas wie *The Return of Nabil 2*. Ja, genau, die Rückkehr von Nabil der Obernull.

Ich war bereit, ihm von dem Gefühlschaos in meinem

Innern zu erzählen. Und dann kommt dieses kleine Pickelschwein sonnengebräunt aus dem Urlaub zurück und kennt mich einfach nicht mehr. Ja, seit Nabil aus Djerba zurück ist, lässt er mich total links liegen. Er geht an mir vorbei, ohne Hallo zu sagen. Und dann hat er neuerdings auch noch einen Ohrring und ein paar Barthaare am Kinn. Er ist erwachsen geworden, er ist jetzt was Besseres – das war's dann wohl.

Djerba
Insel an der Ostküste Tunesiens

Wie in *Grease* mit Olivia Newton John und John Travolta. Da ist es auch Sommer. Olivia und Travolta sind im siebten Himmel. Sie rennen über den Strand, trällern fröhliche Lieder und küssen sich leidenschaftlich am Fuße der Felsen. Nach den Ferien ist Olivia immer noch total verliebt, aber Travolta will vor seinen Kumpels aus seiner Klasse gut dastehen und lässt sie links liegen, weil sie ihm peinlich ist. Er hat sie ganz schön verarscht. Und sie, das dumme Mäuschen mit ihrem Pferdeschwanz und ihrem rosa Kleid, läuft heulend davon. Die Frau, das schwache Geschlecht. Aber der wirkliche Arsch ist Travolta mit seiner knallengen Lederhose und der albernen Frisur. Als ich die Geschichte mit Nabil am Montag Madame Burlaud erzählte, hatte sie gleich eine passende Antwort, um mich aufzumuntern. Aber ohne Absicht …

Grease
US-amerikanischer Film von 1978

»Vielleicht mag Nabil lieber Jungs? Hast du daran schon mal gedacht?«

Ja, sicher, das wird's sein. Genau wie Jarod. Wer weiß. Bei so einer Mutter kann ein Junge ja nur schwul werden, oder? Dann kennt er wenigstens alle Lieder von Dave auswendig und trägt enge Unterwäsche.

Tsss. So ein Schwachsinn. In Wirklichkeit hat Madame Burlaud keinen blassen Schimmer, ob Nabil andersrum ist oder nicht. Und ich weiß nur, dass ich ein bisschen enttäuscht bin, weil ich dachte, er mag mich, das ist alles …

Unsere Nachbarin Rachida, die größte Tratschtante der Cité, hat uns neulich besucht. Sie schenkte uns dreißig Euro und Lebensmittel für die ganze Woche. Hin und wieder bekommen wir eine Spende von Leuten aus dem Viertel, das hilft ganz schön. Aber das Allerbeste an der dicken Rachida ist, dass sie uns einen Remix aller High-Society-News aus der Cité du Paradis bringt. Sie versorgt uns mit brandheißen Neuigkeiten, und auf die besonders pikanten ist sie stolz wie auf ihren ersten Sohn.

Diesmal hatte Rachida wieder was von Samra zu berichten, der Gefangenen aus dem elften Stock, die mit ihrem Lover durchgebrannt ist. Angeblich hat sie ihn jetzt tatsächlich geheiratet.

Samras Vater, Folterer im Ruhestand (weil seine Tochter weg ist), stolperte eines Morgens in der Zeitung zufällig über die Rubrik »Frisch vermählt« und las dort den Namen seiner Tochter, also seinen eigenen, neben dem Namen von diesem bleichgesichtigen *Toubab.* Weil der Alte das nicht verkraften konnte, wurde er krank, es geht das Gerücht, seine eine Körperhälfte wäre gelähmt. Sicher durch den Schock, seinen Namen in solcher Weise beschmutzt zu sehen. Den Namen, den sein Vater, sein Großvater und andere Männer vor ihm schon trugen. Wahrscheinlich wieder so eine Frage der Ehre …

Eines Tages wird Samras Vater bestimmt auf die Rubrik »Geburtsanzeigen« stoßen und fortan beidseitig gelähmt sein. Wenn er seinen Stolz einen Moment beiseite lassen könnte, würde er einsehen, dass das Glück seiner Tochter am wichtigsten ist. (Jetzt höre ich mich schon an wie in einer dieser moralgetränkten amerikanischen Serien, aber dazu stehe ich.)

Und da ja alles irgendwie Schicksal zu sein scheint, glaube ich ohnehin nicht mehr an so einen Quatsch wie Zufälle.

Es ist kein Zufall, wenn »Passe-Partout«, der Zwerg aus *Fort Boyard*, im bürgerlichen Leben Fahrscheinkontrolleur ist und mit richtigem Namen André Bouchet heißt. Eines Tages fährst du mit der Metro schwarz und da taucht ein kleiner Kontrolleur auf, der deinen Fahrschein sehen will. Erst siehst du niemanden, bis du nach unten schaust. Weglaufen nützt jetzt gar nichts, der Kleine rennt superschnell, das weiß ich aus dem Fernsehen. Vielleicht sind ja alle aus der Sendung Beamte. Wenn sie uns das Fernsehen jetzt auch noch zudrehen wie neulich das Telefon, dann gute Nacht, dann habe ich gar nichts mehr … Als wir in der Schule über das Mittelalter sprachen, erklärte uns Monsieur Werbert, dass die bunten Fenster in der Kirche die Bibel der Armen waren, für die Leute, die nicht lesen konnten. Heutzutage ist das Fernsehen der Koran der Armen.

Fort Boyard
→ Seite 250

Wenn ich fernsehe, hört Mama Enrico Macias und strickt dabei. Ach ja, das habe ich ganz vergessen: Sie hat wieder angefangen zu stricken. Früher, als Papa noch da war, hat sie oft gestrickt. Jetzt strickt sie zu Hause zusammen mit »Jackeline«, also Jacqueline, ihrer Kursleiterin, mit der sie sich angefreundet hat. Bevor sie alt und grau wurde, war Jacqueline einmal blond. Das hat sie mir selbst erzählt. Sonntags macht sie manchmal Rhabarber-

Enrico Macias
→ Seite 250

konfitüre, und weil ihre Nachbarn Fußballfans sind, kann sie an den Abenden, wenn gespielt wird, schlecht einschlafen. Jacqueline ist nett. Einmal hat Mama ganz beiläufig erwähnt, dass sie ein Wachstuch brauchte, nur so, und in der Woche drauf brachte Jacqueline ihr ein Wachstuch mit. Es war zwar potthässlich, mit Jagdszenen drauf, große Hirsche und ganz viele Bambis, die abgeknallt werden … Aber nett fand ich es trotzdem.

Außerdem interessiert Jacqueline sich für fast alles, sie stellt Mama eine Menge Fragen zur marokkanischen Kultur und Religion und zu vielen anderen Dingen: »Nur damit ich weiß, ob das stimmt, was sie im Fernsehen alles sagen …«

Und manchmal erzählt sie Mama Geschichten aus der Bibel. Neulich die von Hiob. Ich weiß noch, wie wir mal einen Auszug davon bei Madame Jacques im Unterricht gelesen haben. Als ich mit Lesen dran war, hat sie gemeckert, weil ich statt Hiob »Dschob« gesagt habe. Ich habe es englisch ausgesprochen. Die alte Schachtel warf mir vor, ich würde »unsere schöne Sprache beschmutzen« und ähnlichen Schwachsinn. Was kann ich dafür, ich wusste vorher nicht mal, dass dieser Typ existiert, dieser Hiob. Originalton Madame Jacques: »Sie sind schuld, dass unsere Kultur im Koma liegt!«

Hiob
französisch: Job

Dank Lila ist Hamoudis Pechsträhne beendet. Er hat eine neue Arbeit gefunden: Wachmann bei Malistar, dem kleinen Supermarkt. Es ist nur vorübergehend, bis er etwas anderes gefunden hat und um endlich mit dem Dealen aufzuhören. Er raucht jetzt viel weniger. Wir sehen uns auch nicht mehr so oft. Aber ihm geht es besser und darauf kommt es an. Er, der immer sagte, es wäre sowieso alles im Arsch, es gäbe für ihn keinen Weg da raus. Aber wenn er das sagte, entschuldigte er sich anschließend immer gleich: »Ich habe nicht das Recht, einem fünfzehnjährigen Mädchen solche Sachen zu sagen. Hör einfach nicht hin, okay? Man darf nie die Hoffnung verlieren! Verstehst du?«

Das hörte sich fast an wie eine Drohung. Aber er hatte recht. Jetzt hat er seinen Notausgang gefunden. Er spricht sogar davon, sein Leben mit Lila zu teilen. Das heißt, es gibt noch mehr als Rapmusik und Fußball. Die Liebe ist auch ein Weg.

Der erste Tag nach den Sommerferien ist, neben Weihnachten, einer der schlimmsten Tage im Jahr. Ich hatte schon drei Tage vorher Durchfall. Bei dem Gedanken an eine neue Schule, die man nicht kennt, und an die ganzen Leute, die man nicht kennt und, was viel schlimmer ist, die einen auch nicht kennen – also ich bekomme da Dünnpfiff. Verzeihung, Diarrhö. Das hört sich nicht so eklig an.

Meine neue Schule heißt Lycée Louis-Blanc. Wer war das noch mal, Louis Blanc? Ich habe im Wörterbuch für Eigennamen nachgesehen. Mit so einem Namen steht man mit Sicherheit im Wörterbuch für Eigennamen.

»Louis BLANC (1811–1882). Journalist und reformistischer Sozialist.«

In Frankreich genügen drei Wörter auf *-ist*, schon wird eine Schule, eine Straße, eine Bibliothek oder eine Metro-Station nach einem benannt. Ich hielt es für klug, mich ein wenig zu informieren, man kann ja nie wissen. Falls irgendein Penner mich fragt: »He, du da! Wer war

Louis Blanc?« Dann würde ich diesem Blödmann, der glaubt, er könnte mich einschüchtern, gerade in die Augen sehen und sagen: »Journalist, Sozialist, Reformist …« Und zwar mit amerikanischem Akzent, wie in den Filmen, die wir im Englischunterricht im Original sehen würden. Ha, wenn du meinst, du könntest mich fertig machen, hast du dich geschnitten! Obwohl du bestimmt nicht mal beschnitten bist, du Depp.

beschnitten → Seite 250

Am Morgen des ersten Schultags war Mama wirklich süß. Sie wollte, dass ihre Tochter bei diesem Anlass die Schönste ist. »In der neuen Schulle, der *jdida … Hamdoullah!«* Also in der neuen Penne. Sie hat meine am wenigsten hässlichen Klamotten gebügelt, vor allem meine gefälschte Levi's (ein sehr gutes Imitat), die sie mir auf dem Markt gekauft hat. »Madame, Monsieur, das ist die Gelegenheit! Eine echte Gelegenheit! Eine Levi's für zwölf Euro, das ist geschenkt! Im Laden zahlen Sie dafür siebzig! Was für eine Chance! Billig, billig!« Und sie hat meine langen schwarzen Haare frisiert. Als sie noch jung war, sahen ihre genauso aus. Später fielen sie ihr dann aus und sie waren auch nicht mehr ganz schwarz. Sie band sie mir zu einem Pferdeschwanz zusammen, nachdem sie Olivenöl hineingebürstet hatte. Olivenöl, wie früher. Wie im Dorf. Ich mag das eigentlich nicht, aber ich habe nichts gesagt, weil sie solchen Spaß dran hatte, mich hübsch zurechtzumachen. Wenn früher der Fotograf in die Grundschule kam, richtete sie mich morgens genauso her. Auf den Fotos glänzen meine Haare so seidig wie in der Werbung von Schwarzkopf: »Professional hair care for you!« In Wirklichkeit waren sie nur schmierig und stanken wie ranziges Bratfett, wegen des Öls. Wenn meine Lehrerin

Hamdoullah → Seite 251

mir den Kopf tätschelte, weil ich eine gute Antwort gegeben hatte, musste sie sich anschließend die Hand an ihrer Jeans abwischen. Am Tag, wenn der Fotograf in die Schule kommt, tragen alle Lehrerinnen Jeans.

Scheiß drauf. Hauptsache, Mama fand mich hübsch. Wenn die Leute sagen, ich sehe ihr ähnlich, bin ich immer ganz stolz. Ich habe nicht viel von meinem Vater. Nur meine Augen, die sind grün wie seine. Sein Blick war voller Nostalgie. Wenn ich in den Spiegel schaue, sehe ich ihn und seine Nostalgie. Immer. Madame Burlaud sagt, ich bin erst geheilt, wenn ich nur mich im Spiegel sehe – nur mich ganz allein.

Nostalgie
Sehnsucht nach vergangenen Zeiten

Um meine Augen zu betonen, hat Mama sie mit Kajal umrandet. Dann gab sie mir einen Kuss auf die Stirn, bat Allah, mich zu begleiten, und schloss die Tür hinter mir. Hoffentlich hat Allah ein Auto, die öffentlichen Verkehrsmittel finde ich nämlich stressig. Ich ging zu Fuß bis zum Rathaus, um dort den Bus zu nehmen. Und wen sehe ich im Bus, quer über einen Vierersitz gefläzt, die Stöpsel seines Walkmans tief in den Ohren? Nabil die Null. So ein Zufall aber auch.

Es ist wie im Film: Unsere Blicke kreuzen sich, er spielt den Schuldbewussten, nickt kaum merklich und murmelt ein unhörbares »'les klar?«. Faul ist er auch noch. Bin ich so daneben, dass er nicht mal ein »A« für mich übrig hat?

Als Antwort habe ich nur Augen und Lippen zusammengekniffen, um ihm zu verstehen zu geben: »Du kannst mich mal, Nabil, du Obernull, du picklige Mikrobe, dämliche Schwuchtel.« Ich hoffe, er hat es verstanden.

Dann setzte ich mich neben einen alten Afrikaner, der einen hölzernen Rosenkranz in der Hand hielt. Das erinnerte mich an meinen Vater in einem seiner seltenen frommen Momente. Viel hatte er allerdings nicht von einem guten Moslem. Wenn man einen Sechserpack Billigbier intus hat, geht man nicht beten. Das bringt nichts.

Rosenkranz → Seite 251

Nabil ist drei Haltestellen vor mir ausgestiegen. Kein Auf Wiedersehen, kein Tschüs, kein *beslama*. Rien, *walou*. Es muss ihn schon viel gekostet haben, »'les klar?« zu mir zu sagen. Nicht mal ein richtiges »Alles klar?«. Da wäre »Auf Wiedersehen« erst recht zu viel verlangt. Ich muss gestehen, dass ich trotzdem ganz schön sauer war. Aber das Schlimmste sollte erst noch kommen.

beslama arabisch (Marokko): auf Wiedersehen!
rien französisch: nichts

Ich betrete meine neue Schule (Louis-Blanc: siehe Wörterbuch der Eigennamen) und stehe inmitten von ungefähr dreißig blassgesichtigen Schlampen mit Dauerwelle – Freiheit, Gleichheit, Brüderlichkeit. Wie ein erster Schultag sah das nicht aus – eher, als wäre ich auf einem Casting gelandet. Alle waren megacool, total »fashion«, wie sie im Fernsehen sagen. Mit meinem Kajal und meiner gefälschten Jeans fühlte ich mich da ziemlich fehl am Platz.

Wir wurden aufgerufen und gingen gruppenweise in unsere Klassenräume. Meine Klassenlehrerin heißt Agnès Bernard, aber mit Agnès B. ist die wohl kaum verwandt. Sie ist jung, vielleicht gerade mal dreißig, blond, lispelt und kleidet sich 08/15, total unauffällig. Zum Glück hat sie dieses Lispeln zu bieten, damit ist die Ärmste wenigstens ein bisschen originell. Sie hat uns die Friseurausbil-

Agnès B. eine Mode- und Kosmetikmarke
08/15 → Seite 251

dung erklärt und was wir im kommenden Schuljahr machen werden. »Produktkunde: Richtlinien zu Produkten der Körperpflege, Rohstoffe zur Herstellung von Haarpflegeprodukten ... Materialkunde: Geräte zum Trocknen und zur Formgebung der Haare, Schneidewerkzeuge und -geräte, Hilfsmittel bei der Formgebung ... Und natürlich Berufskunde: Haarwäsche, Bleichen, Färben, Trocknen, Legen ...« Böhmische Dörfer. Das reinste Chinesisch. Was zum Teufel mache ich hier eigentlich?

Böhmische Dörfer
→ Seite 251

Als ich nach Hause kam, war ich depressiv. Meistens reiße ich mich ja zusammen, aber diesmal konnte ich nicht mehr. Kaum hatte ich die Schwelle zu unserer Zweizimmerwohnung überschritten, brach ich in Tränen aus, ein Wunder, dass ich nicht die ganze Bude unter Wasser gesetzt habe. Zum Glück war Mama nicht da. Ich kenne sie, sie hätte mitgeheult, ohne überhaupt zu wissen, was los ist.

Ein paar Tage später gab ich das Babysitten auf. Ich bin jetzt zu beschäftigt, habe zu viel zu tun. Total overbooked. Keine Zeit mehr, mich um ein kleines Mädchen zu kümmern. Tut mir leid.

Nein, in Wirklichkeit passe ich nicht mehr auf Sarah auf, weil das jetzt Hamoudi tut. Da er hier in der Cité arbeitet und um vier Uhr Schluss macht, kann er die Kleine abholen. Das ist gut. Sogar sehr gut. Wie in einer richtigen Familie.

Ich sehe Hamoudi, wenn ich einkaufen gehe. Wir wechseln dann ein paar Worte, während er Reiskartons auslädt. Nach fünf Minuten überkommt mich immer das Gefühl, dass ich störe, dann gehe ich. Man muss dazu sagen, dass er mit mir genauso spricht wie mit allen anderen. Das ist nicht mehr der Hamoudi von Hausnummer 32. Und das weiß er. Neulich fand ich einen 20-Euro-Schein im Briefkasten, dabei eine Nachricht mit der Unterschrift »Moudi«. Das ist jetzt sein Spitzname. Ein bescheuerter Spitzname. Mir wäre bestimmt was Besseres eingefallen. Wenn ich dran denke, dass Hamoudi Spitznamen immer blöd fand. Und jetzt unterschreibt er schon mit »Moudi«. Lila hätte sich wirklich was anderes ausdenken können. Moudi, Muhdie, Muh – wie macht die Kuh? Aber Hamoudi macht gar nichts mehr. Spitznamen sind was für Spießer: »Möchtest du noch etwas Hase, mein Täubchen?« Andersrum funktioniert es genauso. Echt dämlich.

Hamoudi wollte nur sein Gewissen erleichtern, weil er mich so fallen gelassen hat, deshalb warf er die Nachricht mit dem Schein in unseren Briefkasten. Meint er, das sei mit Geld wiedergutzumachen, oder was? Er sollte aufhören, die billigen Frauenzeitschriften zu lesen, die bei Lila auf dem Tisch herumliegen. Sogar der Inhalt seines Briefes war Mist: »Wenn du mich brauchst, weißt du, wo du mich findest …« Na klar! Ich weiß nur, dass ich dich nicht mehr in Hausnummer 32 finde, Hamoudi. Du hast uns vergessen, Rimbaud und mich. Du treulose Tomate. Sie sind doch alle gleich. Alles Drückeberger.

Und wenn Madame Burlaud nicht dafür bezahlt würde, mich pünktlich einmal in der Woche zu sehen, würde sie mich garantiert auch fallen lassen.

Als ich neulich in der Stadt an einem Tabakladen vorbeikam, klebte im Schaufenster ein Zettel: »Lotto-Jackpot. Wir haben einen Gewinner: 65 000 Euro.« Sie schreiben immer »Wir haben einen Gewinner«, aber nie, wer es ist. Die Tabakhändler sind anständige Leute. Sie geben nie die Namen der Gewinner preis. Nur dass ich diesmal weiß, welcher Arsch das Glück hatte, das große Los zu ziehen: unser Sheriff. Er kommt bestimmt bald ins Fernsehen und wird berühmt. Dann bleiben ihm in Zukunft die Ausweiskontrollen erspart: Wenn ihn alle kennen, muss ihn niemand mehr nach dem Namen fragen. Jedenfalls hat er es verdient. Er versucht es schon so lange. Ich bin neugierig, was er mit dem Geld anstellt. Gönnt er sich einen neuen Hut? Eine neue Jeans? Eine neue Wohnung, neue Cité, neues Land? Vielleicht kauft er sich eine Villa in Tunis und findet eine Frau, die richtig gutes Couscous kocht …

Ach ja, wo wir gerade beim Thema Heiraten sind, ich habe meine Mutter durchschaut. Sie ist in den Bürgermeister von Paris verknallt. Sie schwärmt für Bertrand Delano, seit sie im Fernsehen gesehen hat, wie er die Gedenktafel in Saint-Michel eingeweiht hat. Sie ist den Algeriern gewidmet, die man am 17. Oktober 1961 während einer Demonstration in die Seine geworfen hatte. Ich habe mir in der Bibliothek von Livry-Gargan Bücher zu dem Thema ausgeliehen.

17. Oktober 1961
→ Seite 251

Mama fand es toll, dass Bertrand das für das algerische Volk getan hat. Sie fand ihn so würdevoll und todschick. Jetzt wo sie alleinstehend ist, überlege ich ernsthaft, ob ich Bertrand Delano ein Zeichen geben soll. Eine große Plakataktion, mit einem Foto von Mama (das Schwarz-Weiß-Foto aus ihrem Pass) und darunter der Schriftzug: »Ich bin verrückt nach dir, Herr Bürgermeister, call me …« Wenn Bertrand das sieht, dreht er durch. Ich glaube, er ist sogar auch Single. Stimmt doch, er lässt sich in der Öffentlichkeit nie mit einer Frau blicken. Außerdem ist meine Mutter ein echter Joker, mit ihr kann man nur gewinnen: Sie kocht, macht den Haushalt und strickt sogar. Ich wette, für den Herrn Bürgermeister hat noch niemand einen Slip gestrickt. Im Winter wird er heilfroh sein.

Neulich traf ich abends Hamoudi an den Müllcontainern. Er sagte, genau mich habe er gesucht. Pfff. Überhaupt nicht wahr. Ich habe genau gesehen, dass er auf dem Weg zu Lila war.

»Hamoudi, du alter Lügner!«

Nein, das habe ich nicht gesagt. Sondern: »Ach ja …?« Wir haben uns kurz unterhalten. Er sagte, es tut ihm leid, dass er nicht mehr so viel Zeit für mich hat wie früher … Im Großen und Ganzen hat er mir zu verstehen gegeben, dass er jetzt ein anderes Leben führt, und ich habe auch verstanden, dass ich da nicht mehr so richtig reinpasse.

»Hamoudi, als kleiner Gauner, der den Bullen den Stinkefinger zeigte, warst du mir lieber.«

Nein, auch das habe ich nicht gesagt. Sondern: »Schon okay.«

Lila und er reden schon von Hochzeit. Hamoudis Mutter muss überglücklich sein. Dann hat sie endlich alle Kinder unter der Haube. »Letzten Level erreicht. Bonus. You're a winner.« Die alte Kupplerin hat ihre Mission erfüllt. Genau im richtigen Moment. Achtundzwanzig Jahre, das ist gut, gerade noch rechtzeitig, bevor man als Mutter anfängt, sich gewisse Fragen zu stellen: »Allah, o Allah, ist mein Sohn vielleicht eine Tunte? *Hschuma …*«

Tunte
→ Seite 251

Hamoudi täte gut daran, mich zu seiner Hochzeit einzuladen. Wenn nicht, verpfeife ich ihn bei den Bullen. Nein, ich mache nur Spaß. Das würde ich nie tun. Hier im Viertel gibt es einen Typen, der seine Kumpels verraten hat. Seitdem wird er verfolgt, hier in der Cité nennt man ihn nur noch »Harki«. Und ich bin keine Denunziantin. Der arme Kerl wird seinen Ruf als Verräter weghaben, solange er in der Cité lebt. Wenn man hier irgendetwas tut, das nicht gern gesehen wird, ist man ein für alle Mal erledigt. Dann steckt man bis zum Tod in einer Schublade.

Harki
→ Seite 251

Das erinnert mich an die Geschichte eines Mädchens, das vor ein paar Jahren hier im Viertel wohnte, worüber sogar die Zeitungen berichteten: Sie war eine gute Schülerin, die Familie war allseits respektiert, und selbst die Jungen, die dafür bekannt waren, große Schlitzohren zu sein, halfen ihrem Vater sonntags, die Taschen vom Markt nach Hause zu tragen. Das Mädchen spielte Theater in einer Truppe, die vom Rathaus von Livry-Gargan finanziert wurde, und ihre Eltern ließen sie diese Leidenschaft ohne Probleme ausleben. Sie kamen sogar manchmal zu den Aufführungen am Ende des Jahres. Kurz und gut, sie hatte es gar nicht schlecht getroffen, auch wenn ihre Eltern ihre Freizeitbeschäftigung mehr als Hobby betrachteten, etwa wie das Malen am Mittwochnachmittag im Kindergarten. Sie aber liebte das Schauspielern und wollte es zu ihrem Beruf machen. Als sie achtzehn war, tourte sie mit ihrer Truppe sogar durch ein paar französische Städte.

Eines Tages fanden ihre Eltern eine anonyme Botschaft im Briefkasten. Sie wurde ungekürzt in einer Zeitschrift abgedruckt, zusammen mit dem Bericht des Mädchens:

*Ihre Tochter hat schlechten Umgang, sie geht viel aus und ist oft mit Jungen unterwegs. Man hört Sachen über sie, die Ihren Namen beschmutzen und Ihrem guten Ruf schaden. Das ganze Viertel weiß, dass *** sich mit jungen Männern einlässt und vom rechten Weg abkommt. Gott sagt, Sie sind verantwortlich für den Weg Ihrer Kinder. Sie müssen streng mit ihr sein, damit sie ihre Familie und den Islam fürchtet.*

Jetzt wissen die Leute, dass Ihre Tochter sich auf der Straße herumtreibt. Die Franzosen führen sie auf den Pfad des Bösen. Man hat bemerkt, dass sie sich schminkt, sich die Haare färbt. Das heißt, sie gefällt gern den Männern und reizt Satan. Sollte ihr etwas Schlimmes widerfahren, weiß Gott, dass Sie zu großzügig mit ihr waren, und Sie sind ebenso schuldig wie sie. Gott schenkt uns Milde und Erbarmen. Sie kann wieder zu ihrer Familie und unseren Sitten zurückkehren, wenn Sie Strenge walten lassen. Das Gebet muss der Gestrauchelten eine Hilfe Gottes sein.

Ihrer Familie wird viel Respekt gezollt und das soll so bleiben. Ein Vater kann seine Tochter wieder auf den rechten Weg bringen. Vertrauen Sie auf die Macht, die Gott Ihnen schenkt, um eine anständige Familie zu sein.

Nach diesem Brief änderte sich für das Mädchen alles. Es war dem anonymen Schwein, das diesen Mist geschrieben hatte, gelungen, die Eltern zu überzeugen. Sie hatten ein schlechtes Gewissen, ihrer Tochter »zu viele« Freiheiten gelassen zu haben. Ab sofort durfte sie weder ins

Theater noch sonst wohin, nicht mal zum Brotkaufen. Und vor allem wurde auf einmal dauernd von Hochzeit geredet. Der letzte Strohhalm, wenn Eltern das Gefühl haben, ihre Tochter könnte ihnen entwischen.

In der Zeitschrift erzählte das Mädchen, wie es damals beschloss, von zu Hause auszureißen. Heute lebt sie allein und hat praktisch keinen Kontakt mehr zu ihren Eltern. Aber sie wurde Mitglied des Ensembles der Comédie Française und kann inzwischen von ihrer großen Liebe zum Theater leben. Am Ende hat sie doch gewonnen.

So, jetzt ist es so weit. Ich bin sechzehn geworden. Sechzehn Lenze, wie es im Film immer heißt. Keiner hat dran gedacht. Nicht einmal Mama. Niemand hat mir dieses Jahr zum Geburtstag gratuliert. Letztes Jahr übrigens auch nicht … Ach doch: Letztes Jahr habe ich von Agnès B. einen Bestellschein zugeschickt bekommen, der mir ein besonderes Geburtstagsgeschenk garantierte, sollte ich innerhalb der nächsten zehn Tage eine Bestellung aufgeben: »Agnès B. wünscht Ihnen alles Gute zum Geburtstag.« Aber in diesem Jahr habe ich nichts bekommen. Agnès B. schmollt. Wahrscheinlich ist sie sauer, weil ich ihr ihren beschissenen Schein nicht zurückgeschickt habe. Blöde Kuh. Mir doch egal.

Diese Geschenke sind sowieso immer nur halb so groß wie auf den Abbildungen. Macht nichts, dass dieses Jahr niemand an meinen Geburtstag gedacht hat.

Ehrlich gesagt kann ich das auch gut verstehen. Wer bin ich denn schon? Es gibt Leute, deren Geburtstag allgemein bekannt ist. Manche stehen sogar im Kalender.

Aber ich bin ein Niemand. Und ich kann nichts Außergewöhnliches. Ich hab zwar so ein paar kleine Tricks auf Lager, aber nichts Besonderes: mit den Zehen knacken, einen Spuckefaden aus dem Mund laufen lassen und dann wieder hochziehen, morgens vor dem Badezimmerspiegel den italienischen Akzent nachmachen … Eigentlich komme ich doch ganz gut weg. Aber als Junge wäre es vielleicht alles anders. Es wäre sogar ganz sicher anders.

Zum Beispiel wäre mein Vater noch da. Er wäre nicht nach Marokko zurückgegangen. Dann hätte ich zu Weihnachten 1994 bestimmt die Inlineskates von Fisher Price bekommen und bei der Gelegenheit auch eine Antwort auf den Brief, den ich dem Weihnachtsmann geschrieben hatte. Ja, alles wäre besser gelaufen, wenn ich ein Junge wäre. Ich hätte ganz viele Kinderfotos von mir, wie die kleine Sarah. Mein Vater hätte mir beigebracht, Tabak zu kauen. Er hätte mir eine Menge unanständiger Geschichten erzählt, die er auf den Baustellen gehört hatte, und hin und wieder hätte er mir auch kumpelhaft auf die Schulter geklopft, nach dem Motto: »Du bist ein guter Junge!« Ja, ja. Es hätte mir sogar Spaß gemacht, mich immer wieder genüsslich am Sack zu kratzen, um mich meiner Männlichkeit zu vergewissern. Es hätte mir gefallen, ein Junge zu sein. Tja, aber ich bin nun mal ein Mädchen. Eine Tussi. Ein Mädel. Eine Ische halt. Irgendwann werde ich mich wohl daran gewöhnen.

Neulich sind Mama und ich zum Münzfernsprecher auf dem kleinen Platz gegangen, um Tante Zohra anzurufen. Diese Telefonzellen breiten sich immer mehr aus. Holzhäuschen mit Glastüren und Nummern auf den Hörern, die mich unheimlich an unser Dorf erinnern. Das Konzept Telefonzelle ist made in Marokko. Ein kleines Stück Oujda mitten auf dem kleinen Platz von Livry-Gargan.

Oujda Stadt im östlichen Marokko

Tante Zohra geht es gut. Sie sagte, Youssef kommt im Mai wieder auf freien Fuß. Das scheint festzustehen, denn sie sagte nicht einmal *»Inschallah«* dazu. Aber bei jedem Besuch wird er ihr ein bisschen fremder. Neuerdings redet er sehr extremistisch daher, noch schlimmer als sein Vater. Und das will was heißen.

Inschallah → Seite 251

Wahrscheinlich hat er im Knast die falschen Leute kennengelernt. Youssef, der früher immer so ruhig war und vor allem viel aufgeschlossener als die meisten in seinem Alter, redet heute von schwerer Sünde und göttlicher Strafe. Früher war ihm all das piepegal. Er hat sich sogar heimlich Bacon-Chips gekauft, weil er wissen wollte, wie die schmecken. Ich finde diesen plötzlichen Sinneswandel sehr seltsam. Irgendwer muss dort hinter Gittern seine momentane Schwäche ausgenutzt haben, um ihm fette Disketten ins Hirn zu schieben. Es wird allerhöchste Zeit, dass es Mai wird und er rauskommt.

Aber es gibt auch gute Nachrichten: In einer Regionalsendung auf France 3 habe ich neulich abends eine Reportage gesehen, und wer erschien da ganz elegant in einer rosafarbenen Tunika auf dem Bildschirm? Fatouma Konaré, Mamas frühere Kollegin im Formule 1 von Bagnolet. Unten wurde ihr Name eingeblendet, mit dem Zusatz »Gewerkschaftsvertreterin«.

In dem Bericht hieß es, die Mädchen hätten den Kampf gewonnen. Ihre Forderungen werden demnächst erfüllt. Es gibt sogar eine Entschädigung für alle, denen während des Streiks gekündigt wurde oder die ohne Lohnersatz gegangen sind. Heißt das, dass auch Mama Kohle bekommt, obwohl sie gar nicht gestreikt hat? Ich musste sofort an diesen riesigen Trottel Monsieur Schihont denken. Der wird sich schwarzärgern. Hahaha! Geschieht ihm recht!

Na also, ein schöneres Geburtstagsgeschenk kann man sich gar nicht vorstellen: Es gibt hier unten auf Erden doch noch so etwas wie Gerechtigkeit. Daran begann ich nämlich schon ernsthaft zu zweifeln. Ich hatte es satt, immer zu hören: »Das ist der Lauf der Dinge.« Ich verstand nicht, was für Dinge das sein sollen – überhaupt eine bescheuerte Redensart.

Nach allem, was in diesem Jahr passiert ist, fand ich das Leben offen gesagt ziemlich ungerecht. Aber in letzter Zeit ist so viel geschehen, dass sich meine Ansicht ein bisschen geändert hat: dass Patrick Dils jetzt in der Sendung *Alle sprechen darüber* mitmacht. Die besseren Arbeitsbedingungen der Putzfrauen im Formule 1 von Bagnolet. Dass Hamoudi und Lila im April heiraten. Und schließlich, wie Mama sich im vergangenen Jahr verändert hat. Wenn ich sehe, wie es ihr mit jedem Tag ein Stück besser geht, und wie sie sich abstrampelt, um uns beide durchzubringen, sage ich mir, dass sich das alles doch irgendwie lohnt und dass ich es vielleicht machen sollte wie sie.

Patrick Dils
→ Seite 251

Was die Arbeit angeht, bin ich beinahe schon so weit, denn auf dieser Friseurschule gönnen sie uns keine Atempause: Waschen, Trocknen, Legen, und wenn wir damit fertig sind, geht es wieder von vorne los. Ununterbrochen. Dabei hat sich selbst Gott am siebten Tag ausgeruht. Das ist doch nicht normal. Aber dann beruhigt es mich wieder, dass ich ganz gut zurechtkomme. Wenn ich hier auf der Friseurschule auch durchgerasselt wäre, hätte ich angefangen, mir ernsthaft Gedanken zu machen.

Madame Burlaud hat mir mitgeteilt, dass die Therapie beendet ist. Ich habe sie gefragt, ob sie sich sicher ist. Da hat sie nur gelacht. Das heißt, mir geht es gut. Oder sie kann meine Geschichten nicht mehr hören. Bei all dem Mist, den ich bei ihr vom Stapel gelassen habe, muss sie ja selbst die Krise kriegen …

Therapie **Heilbehandlung**

Ich bin froh, dass es zu Ende ist – ein paar Kleinigkeiten haben mich an ihr schon gestört. Schon ihr Name … Burlaud, jetzt mal im Ernst, was ist denn das für ein Name, der klingt doch nur scheiße. Ihr Läuseshampoo-Gestank und diese ach-so-aufschlussreichen komischen Psycho-Tests … Außerdem ist sie echt alt. Sie stammt noch aus einer anderen Zeit. Wenn ich mit ihr rede, muss ich genau aufpassen, was ich sage. Ich kann kein einziges neues Wort oder Slang verwenden, um ihr meine Gefühle zu erklären … Wenn mir doch mal so was wie »schlauchig« rausrutscht, versteht sie mich total falsch oder guckt wie ein Auto.

Slang **Umgangssprache**

Madame Burlaud und ich hatten einfach nicht dieselbe Wellenlänge. Trotzdem weiß ich, dass ich mich gerade deshalb wieder besser fühle, und ich gebe zu, sie hat mir sehr geholfen. Ich habe mich sogar bei ihr bedankt. Aufrichtig.

Als ich mich von ihr verabschiedete, sagte sie: »Viel Glück!« Das war seltsam. Ich war es gewohnt zu hören: »Bis nächsten Montag!« Es fühlte sich so ähnlich an wie das erste Mal alleine Fahrrad fahren.

Einmal durfte ich mit Youssefs Fahrrad fahren. Er hatte versprochen, mich anzuschieben, und ich war völlig perplex, als er auf einmal rief: »Ich habe losgelassen!« Seine Stimme klang weit entfernt. Er hatte schon vor einer ganzen Weile losgelassen und ich trat munter weiter in die Pedale. Madame Burlauds »Viel Glück!« hörte sich für meine Ohren genauso an wie Youssefs »Ich habe losgelassen!«. Sie hat mich eben auch losgelassen.

Auf dem Weg nach draußen fühlte ich mich ein bisschen wie in der vorletzten Szene eines Films, wenn die Helden das Problem mehr oder weniger gelöst haben und es Zeit für das große Finale wird. Nur dass mein Finale länger und härter ausfallen wird als das von *Jurassic Park*.

Ich weiß zum Beispiel immer noch nicht, was ich wirklich machen will. Denn diese Friseurgeschichte ist nur eine Zwischenlösung. Wie bei Christian Morin. Er moderierte jahrelang das *Glücksrad*, aber sein wahres Glück fand er als Klarinettist.

Gestern bekam ich überraschenden Besuch. Als Mama gerade nicht da war, kam Nabil die Null vorbei. Ich machte die Tür auf, und da stand er, an die Wand gelehnt, parfümiert und rasiert. Er tippte sich an die Baseballkappe, grinste mich an und sagte: »Na, wie geht's?«

Ich stand erst mal ein Vierteljahrhundert wie angewurzelt da und bekam vor lauter Staunen den Mund nicht auf. Wie die Gewinner bei der alljährlichen Supermarkt-Tombola. Nach kurzem Überlegen beschloss ich, ihn reinzulassen. Wir setzten uns aufs Sofa und unterhielten uns. Über seine Ferien auf Djerba, das Buch, das er gerade gelesen hat, sein letztes Schuljahr vor dem Abschluss ... Er hat mir verraten, dass er letztes Jahr schon mal durchs Abi gerasselt ist. Für seine Mutter war das natürlich der reinste Albtraum, noch schlimmer als für ihn. Diese *** (Autozensur) sagte, er hätte zu viel Zeit damit verbracht, mir zu helfen, und das hätte ihn sozusagen davon abgehalten, sich um seine eigenen Sachen zu kümmern und seine Klausuren noch mal anzugucken. Das soll jetzt meine Schuld sein?

Ja, wir haben wirklich über alles geredet. Sogar über das, was mir irgendwie doch ein bisschen peinlich war. Ihr wisst schon.

Es tat Nabil leid, dass er mich mit dem Kuss so überrumpelt hat, und er hoffte, dass ich nicht allzu sauer war. Ich sagte Nein. Und da tat er es wieder. Aber diesmal besser, nicht so hektisch. Wahrscheinlich hat er in dem Ferienclub auf Djerba mit einer siebzehnjährigen Deutschen geübt, die dort mit ihren Eltern, zwei Journalisten der bayrischen Skandalpresse, Urlaub machte. Bestimmt war sie blond, hatte grüne Augen, einen großen Busen und hieß Petra.

Jedenfalls ist er hinterher nicht abgehauen. Wir haben zusammen ferngesehen und uns weiter unterhalten. Er hat mir sogar über die Haare gestreichelt (zum Glück hatte ich diesmal kein Olivenöl reingeschmiert). Ich habe ihm viele Sachen über mich und meine Familie erzählt und noch so einiges, was er nicht wusste: von Hamoudi zum Beispiel und seinen Rimbaud-Gedichten, die er im Hauseingang für mich rezitierte. Und da hat Nabil mich schon wieder überrascht. Er fing einfach an, »Das Neujahrsgeschenk der Waisen« auswendig aufzusagen, und er musste dabei nicht so oft nachdenken wie Hamoudi, es kam wie aus der Pistole geschossen. Es war sehr schön. Leider hat er anschließend alles verdorben, indem er mich angrinste und sagte: »Da staunst du, was?« Als ich Nein sagte, lachte er. Mit Nabil habe ich mich also versöhnt und ich glaube sogar … ich mag ihn. Am Mittwoch will er mit mir ins Kino gehen. Ich freue mich schon riesig. Das letzte Mal war ich mit der Grundschule im Kino, in *König der Löwen.*

Dieses Wochenende habe ich auch Hamoudi, Lila und Sarah getroffen. Auf dem Weg zum Einkaufscenter, wo ich etwas für Mama besorgen wollte, hupte es plötzlich neben mir. Ich brauchte einen Moment, um zu begreifen, dass tatsächlich ich gemeint war. Normalerweise drehe ich mich gar nicht um, wenn irgendwo gehupt oder gepfiffen wird – es ist ohnehin immer für die Schlampe mit dem Paillettentop in Bonbonrosa und der engen Jeans hinter mir. Diesmal war aber weit und breit keine solche Zicke zu sehen. Also bin ich eingestiegen und mit ihnen zusammen zum Einkaufscenter gefahren.

Aus jeder Pore verströmten sie das perfekte Familienglück. Mir wurde klar, dass Hamoudi nie etwas Besseres widerfahren war, seit ich ihn kenne. Außerdem fiel mir auf, dass er schon wieder ein anderes Auto fährt. Diesmal ist es ein roter Opel Vectra. Genau so einer war der Sozialarbeiterin auf dem Parkplatz vor unserem Haus geklaut worden. Aber ich habe nichts dazu gesagt.

Die Cyborg-Frau ist übrigens versetzt worden, weil Madame Dingsbums aus dem Mutterschaftsurlaub zurück ist. Sie hat endlich ihren kleinen Wurm zur Welt gebracht. Als sie zu uns kam, hatte sie natürlich Fotos von ihrem Nachwuchs dabei. Wir durften also Lindsay (so heißt sie tatsächlich … kein Kommentar!) bewundern, wie sie noch ganz verschmiert im Arm ihrer Mutter liegt (ich weiß nicht, wie Madame Sowieso das hinkriegt, jedenfalls saß ihre Föhnfrisur auch nach der Entbindung tadellos). Dann: Lindsay in der Badewanne, Lindsay mit ihrem Papa auf dem Ikeasofa, Lindsay beim Heiamachen in ihrer Wiege, *Lindsay und die Picaros, Lindsay in Tibet* und schließlich *Lindsay und die Juwelen der Sängerin*. Unsere Mannequin-Sozialtante schien sehr glücklich mit ihrer kleinen Lindsay, die jetzt schon dafür prädestiniert ist, in ein paar Monaten Pampers-Werbespots zu drehen …

Lindsay und die Picaros, Lindsay in Tibet, Lindsay und die Juwelen der Sängerin
→ Seite 251

Madame Dingens hat festgestellt, dass sich bei uns »wirklich was verändert« hat. Sie will versuchen, beim Sozialamt noch etwas mehr Geld lockerzumachen, damit wir nächsten Sommer in Urlaub fahren können, vielleicht ans Meer. Also das hat mich dann doch umgehauen. Vielleicht ist Madame Dingsbums ja die heimliche Tochter von Abbé Pierre und Schwester Emmanuelle und deshalb die Großherzigkeit in Person. Auf einmal mochte ich sie, unsere liebe, verehrte Sozialarbeiterin. Ans Meer! Ist das nicht super? Ich nehme alles zurück, was ich über dich, deinen Mann und dein Baby Dingsbums gesagt habe. Verzeihung. Vielleicht bist du im Grunde ein nettes Mädchen.

Abbé Pierre
→ Seite 251
Schwester Emmanuelle
→ Seite 252

Um noch einmal kurz auf Hamoudi und Lila zurückzukommen: Als wir zusammen einkaufen waren, haben sie wieder von ihren Hochzeitsplänen erzählt. Beide wollen eine traditionelle Trauung. Schon komisch, das hätte ich nicht gedacht. Aber Lilas Eltern freuen sich bestimmt. Sie hat mir erzählt, dass sie sich gerade erst vor ein paar Tagen mit ihnen versöhnt hat, nachdem sie fünf Jahre lang nicht miteinander gesprochen hatten – seit dem Tag, als Lila beschloss, Sarahs Vater zu heiraten. Hamoudis Mutter schreit es schon von allen Dächern der Cité, dass ihr Jüngster demnächst in den Hafen der Ehe einlaufen wird. Von Rachida hört man (und sie ist eine zuverlässige Quelle), dass viele Leute diese Hochzeit nicht gern sehen, weil Lila bereits geschieden ist und ein Kind von einem Mann französischer Herkunft hat. Aber das juckt das Brautpaar nicht die Bohne. Das ist alles Kleinkram.

Während Lila im Einkaufscenter Stöckelschuhe anprobierte, erzählte ich Hamoudi alles über Nabil. Er schien sich sehr für mich zu freuen, als würde mir etwas ganz Besonderes widerfahren. Ich hatte gehofft, dass Hamoudi so reagiert. Ich kenne ihn gut genug, um zu wissen, dass er ein Mädchen, das einen Freund hat, nicht gleich verachtet und als *** abstempelt. Ihr wisst schon, was ich meine. »Du willst uns wohl die Show stehlen und noch vor uns heiraten, was? Sieht er gut aus, dein Nabil? Wenn er aus dem Viertel kommt, kenne ich ihn doch bestimmt, oder?«

»Er hat ziemlich große Ohren, aber er ist sehr nett und intelligent und …«

»Ha, ich sehe schon, alles klar! Von wegen miese Aussichten! Das ist wohl vorbei!«

Er hat recht. Das hatte ich schon fast vergessen. Aber Hamoudi nicht. Als er mich daran erinnerte, wäre ich beinahe in Tränen ausgebrochen. Das habe ich nämlich immer gesagt, wenn ich nicht gut drauf war: miese Aussichten.

Jetzt würde ich eher sagen: paradiesische Aussichten. Wow. Und ich bin von selbst draufgekommen. (So etwas in der Art würde Nabil jetzt sagen …)

Vielleicht haben die Leute ja recht, wenn sie immer vom »Lauf der Dinge« sprechen. Vielleicht laufen die Dinge ja doch irgendwohin. Was soll's, wenn Jarod schwul ist – Nabil sagt, Rimbaud war es auch … Und halb so wild, wenn ich keinen Vater mehr habe, es gibt viele Leute, die keinen Vater mehr haben. Außerdem habe ich ja eine Mutter … Und der geht es besser denn je. Sie ist frei, gebildet (wenigstens ein bisschen), und sie brauchte nicht mal eine Therapie, um mit allem fertig zu werden. Jetzt fehlt ihr nur noch ein Abo der *Elle* und sie ist eine erfüllte Frau. Was will ich mehr? Dachtet ihr, ich sage jetzt »nichts«? Von wegen, ich will noch eine Menge mehr. Es gibt noch viel zu tun … He, das bringt mich auf eine Idee. Ich könnte in die Politik gehen. »Von der Friseurlehre zur Präsidentschaftswahl ist es nur ein kleiner Schritt …« Solche Sätze bleiben den Leuten im Gedächtnis. Ich muss daran denken, mehr davon zu produzieren. Wie die Zitate, die im Geschichtsbuch stehen, zum Beispiel von diesem Blödmann von Napoleon: »Jedes besiegte Volk braucht eine Revolte.«

Elle
→ Seite 252

Und ich werde dann die Revolte der Cité du Paradis anführen. In den Zeitungen stehen dann Schlagzeilen wie »Doria entflammt die Cité« oder »Die *Pasionaria* der Vorstadt bringt das Pulverfass zum Explodieren«. Aber es wird keine gewalttätige Revolte wie in dem Film *Hass*, wo alles nicht so optimal ausgeht. Es wird eine intelli-

La Pasionaria
→ Seite 252

gente Umwälzung, ohne jede Gewalt, in der die Leute nur aufbegehren, weil sie wahrgenommen werden wollen, und zwar alle. Das Leben besteht nicht nur aus Rapmusik und Fußball. Wie bei Rimbaud wird in unserem Munde »das Wort zur wilden Klage, zum Schreie der Verfluchten, zum Schrecken der Verruchten«.

Es muss der Umgang mit Nabil sein, der mir einen solchen republikanischen Schwung verleiht.

Materialien

M

Biografie und Entstehung

Faïza Guène bei einer Lesung auf dem ***internationalen literaturfestival berlin*****, 2007**

Faïza Guène, ihr Name spricht sich folgendermaßen aus: [faiza gɛn]

1985 Geburt in Bobigny bei Paris als Tochter algerischer Eltern; Kindheit in Pantin, Seine-Saint Denis, einem Teil der Cité Des Courtillières im Nordosten von Paris, einer Hochhaussiedlung, in der 6 000 Menschen leben.

– Während ihrer Kindheit Umzug in eine größere Wohnung. Zunächst ist Faïza Guène froh darüber, da die Familie in der neuen Wohnung genügend Platz und sogar ein eigenes Bad hat. Mit der Zeit wird ihr bewusst, dass das Leben in den Vorstädten Jugendlichen nichts zu bieten hat – nicht einmal ein Kino gibt es.

– Ihre Kindheit bezeichnet die Autorin als glücklich: Gerade aufgrund der materiellen Beschränkungen entwickelt sie frühzeitig eine Liebe zum Träumen und Geschichten-Erzählen.

1998 Besuch einer Schreibwerkstatt – Faïza Guène wird von einem engagierten Lehrer entdeckt und zum Weiterschreiben ermutigt.

– Ihr Lehrer erkennt die Originalität des Stils der damals Dreizehnjährigen und ermutigt sie, in dieser Umgangssprache weiterzuschreiben. Er zeigt die ersten Seiten ihrer Geschichte seiner Schwester, die für die Verlagsgruppe Hachette arbeitet; beide sind sich sicher, dieses Talent unterstützen zu müssen.

1999 erster Kurzfilm *La Zonzonniére*

2002 Kurzfilme *RTT* und *Rumeurs*, Dokumentarfilm *Mémoires du 17 octobre 61*

2004 Kurzfilm *Rien que des mots*

– Ihr erster Roman *Kiffe kiffe demain* erscheint in Frankreich bei Hachette; inzwischen wurde er ca. 230 000 Mal verkauft und in 27 Sprachen übersetzt; an den französischen Mittelschulen steht der Roman heute im Lehrplan.

– Weitere Kurzfilme und Dokumentarfilme entstehen.

2004 Faïza Guène beginnt Soziologie an der Université Paris VIII, St. Denis zu studieren, bricht ihr Studium jedoch ab, um sich ganz dem Schreiben und dem Filmemachen zu widmen.

M

– Seit 2004 verfasst sie monatliche Kolumnen für das Radioprogramm »Die Welt, wie ich sie sehe« bei *France Inter Radio.*
– Seit 2005/06 schreibt sie Chroniken für das *Respect Magazine.*

2006 veröffentlicht die Autorin ihren zweiten Roman »Du rêve pour les oufs«, 2008 unter dem deutschen Titel *Träume für Verrückte* erschienen.

2006 Die Hörspielfassung von *Paradiesische Aussichten* wird Hörspiel des Monats Oktober des SWR (Südwestrundfunk).
Der Roman steht auf der Bestenliste »Die besten 7 Bücher für junge Leser« (Juni 2006).

2007 *Paradiesische Aussichten* wird für den deutschen Jugendliteraturpreis nominiert.

2007 Die Autorin erhält in Göteborg den Peter-Pan-Preis.

2008 In Frankreich erscheint ihr dritter Roman, *Les gens du Balto.*
– Faïza Guène wohnt weiterhin in Pantin.

Katja Bigalke, Deutschlandradio

Das andere Gesicht der Pariser Vorstadt Faïza Guène und ihr Buch »Kiffe kiffe demain«

10. 10. 2005

M

Die Vororte von Paris gelten in der öffentlichen Wahrnehmung als Orte der Kriminalität und der Gewalt. Dass aber auch hier Menschen leben, die Träume haben oder an die Liebe glauben, schildert die 19-jährige Französin arabischer Herkunft Faïza Guène in ihrem Buch »Kiffe kiffe demain«.

»Kiffe kiffe demain«: Das kommt aus dem Arabischen und heißt so viel wie »morgen – immer das Gleiche«. Und dann hat es noch eine umgangssprachliche Bedeutung, und die ist: lieben.

Faïza Guène, 19 Jahre, sitzt auf einem Betonblumenkübel an einer trostlosen Durchgangsstraße und wartet auf eine Freundin. Sie ist nicht besonders groß, trägt auffällige, runde Silberohrringe und ein kleines, buntes Dreieckstuch im Haar.

Ich bin schon ein romantisches Mädchen. Ich bin da sehr naiv, ich glaube sehr an so Dinge wie jemanden lieben. Ich bin halt sehr optimistisch.

Fatima kommt – zwei Zigaretten und viele sprudelnde Worte über Liebe und Beton später. Die beiden setzen sich an den Tisch des einzigen Bistros weit und breit, bestellen Kaffee und Cola. Alles beisammen: Stärkung, Verstärkung. Faïza legt los.

Ich habe immer gerne geschrieben. Schon als Kind. So für mich, ohne zu wissen, was draus wird. Und dann hat der Vorsitzende von unserem Schreibatelier das Manuskript von »Kiffe kiffe demain« gelesen. Aus Zufall, und der hat das dann dem Verlag weitergegeben.

So kommt es, dass Faïza nun ein Star in Frankreich ist. Seit sie Doria erfunden hat, die Hauptfigur ihres Überraschungsbestsellers.

Doria ist eine 15-jährige Französin algerischer Herkunft. Verträumt und verschlossen, aber nicht auf den Mund gefallen. In Ich-Person erzählt sie vom Alltag zwischen Sozialhilfe und Therapie. Von neugierigen Nachbarn und ihrer ersten Liebe. Sie lebt allein mit ihrer Mutter in einem Sozialbau der Pariser Banlieue.

Staubige Straßen, heruntergekommene Hochhäuser. Wenig Grün – viel Sperrmüll. Trostlos: Wäre da nicht Aziz, der freundliche Gemüsehändler, der allen Rabatt gibt, oder Hamoudi, der feinsinnige Kiffer, der Rimbaud liest. Faïzas Protagonisten sind etwas durcheinander, aber liebenswert. Und sehr realistisch.

Rimbaud
→ Seite 22

Nach dem Buch haben auf einmal alle gesagt: Aber das ist außergewöhnlich für eine Vorortgeschichte – die sind alle so nett. Wir sind hier eben nicht alle Monster. Es gibt eine starke Solidarität. Und es kann auch sehr herzlich und freundlich hier zugehen.

Natürlich kennt Faïza auch Töchter, die von ihrer Familie unterdrückt werden. Sie kennt Jungs, die im Gefängnis sitzen, wegen Drogengeschichten. Vor ihrer Schule explodieren Autos, in ihrem Häuserblock werden Omas überfallen.

Ich konnte nicht erzählen: Alles ist toll. Es ist auch schwierig. Das ist ein vernachlässigter Ort. Es gibt soziale Probleme. Aber eben auch Liebe und Zuneigung. Ich er-

zähl' die Geschichten meiner Leute. Das ist ein Cocktail aus dem, was ich erlebt und gesehen habe.

Anders als ihre Heldin Doria hat Faïza Bruder und Schwester und lebt mit ihren algerischen Eltern zusammen. Ein behütetes, fröhliches Mädchen, das schon früh seine Ideen umsetzt, weil die Familie sie unterstützt. An einem Ort, wo es an Anregungen eher mangelt, ist ihr Zuhause die wichtigste Motivation.

Das, was hier angeboten wird, ist immer dasselbe Klischee: Rap und Fußball. Dabei gibt es viele talentierte Leute hier. Aber wenn man die fragt, was sie werden wollen, fällt denen nur Verkäuferin oder Friseuse ein – nie malen oder schreiben. Einfach, weil sie nie träumen durften.

Faïza hat Glück – sie bekommt eine Inspirationsquelle vor die Nase gebaut. Als sie 13 wird, eröffnet ein kommunales Kulturzentrum in Pantin. Einzigartig in der Banlieue. Hier gibt es Schreib-Ateliers, Kinoseminare und eine große Bibliothek.

Ein Buch, das mir sehr gefallen hat, war »Fänger im Roggen« von Salinger. In der Schule liest man so anstrengende Bücher von Molière und Flaubert und so und dann denkt man immer – Bücher schreiben ist super Arbeit, aber dann hab ich das gelesen und dachte, hey, das kann auch einfach Spaß machen.

Fänger im Roggen
→ Seite 213

Der Sound ihrer Geschichten ist ähnlich. Viele kleine Dialoge, viel Umgangssprache. Faïza schreibt, wie sie spricht. Nicht selbstverliebt, nicht poetisch. Eher wie eine Soap.

Für mich ist das Fernsehen eine echte Referenz. Es gibt hier kein Kino, kein Theater. Das Wichtigste ist Fernsehen, und das ist für mich genauso nobel wie all die anderen kulturellen Quellen. Es ist eben nicht elitär. Das Fernsehen gehört allen.

Pantin – Paris: Dazwischen liegt der Périphérique – die Stadtautobahn. Er trennt zwei Welten voneinander.

Das ist keine physische Grenze, sondern eine psychische. Die Pariser kommen nur her, um Drogen zu kaufen. Umgekehrt finden die Leute hier Paris zu bourgeois. Da fällt man auf. Für uns Mädchen geht das noch – wir gelten da als die armen Frauen, die der Bruder zusammenschlägt, wir erzeugen Mitleid. Unsre Jungs werden aber immer wie Verbrecher angeguckt.

Faïza hat es weit über den Périphérique hinaus geschafft. In Paris hat ihr eine Produktionsfirma ein Büro zur Verfügung gestellt, wo sie gerade an dem Drehbuch für *Kiffe kiffe demain* arbeitet. Und trotzdem wird sie noch eine Weile in Pantin bleiben. In einer engen 3-Zimmer-Wohnung, die sie mit ihren Eltern und den beiden Geschwistern teilt.

Alle hier fragen mich immer, warum ich noch hier bin, jetzt wo ich ein Buch geschrieben habe. Aber ich bin glücklich hier und ich würde auch nicht weggehen, nur weil ich Erfolg gehabt habe. Das würde ja heißen, dass alle, die hier bleiben, Versager sind. Ich hätte mit 13 gerne jemanden in der Umgebung gehabt, der ein Buch geschrieben hat. Einfach um zu glauben: Das könnte ich auch machen.

Der Boulevard périphérique

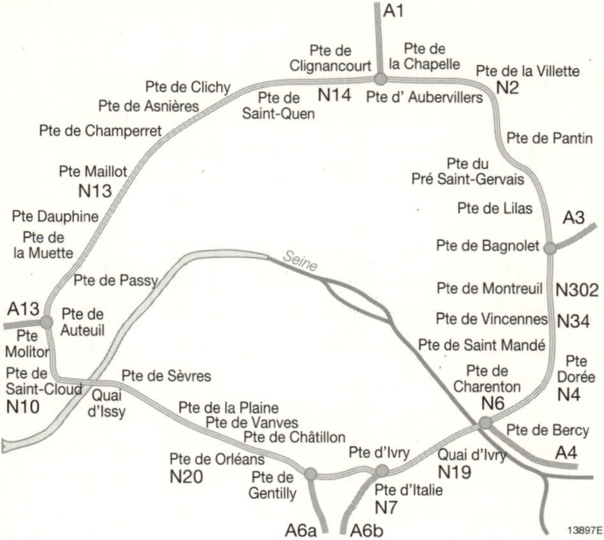

Sarah Adams, The Guardian

Faïza Guène über ihren Roman ______________ 2006

»Ich habe etwas sehr Wichtiges erkannt: Nicht viele Leute mit meinem Hintergrund, mit meinen sozialen und kulturellen Wurzeln, sind in den Medien präsent oder haben eine Stimme. Ich habe jetzt diese Möglichkeit und bin mir dessen bewusst, dass ich nicht das Recht habe, diese nicht zu nutzen. Selten kann sich jemand von uns Gehör verschaffen, insbesondere auf einem Gebiet, das uns normalerweise verschlossen bleibt: der ›französischen Literatur‹ – ich habe kein Recht, darauf zu verzichten.«

Faïza Guène

Schreiborte – Schreiberfahrungen ____________ 2007

Das internationale literaturfestival berlin hat alle Gäste der Festivals 2005–2007 nach ihrem »writing space«, der Bedeutung und dem Einfluss ihres Schreibortes, gefragt. Faïza Guène hat diese Frage folgendermaßen beantwortet:

Soll ich mein Geheimnis verraten? Wie eine Großmutter ihr altes Kochrezept? Mit diesem komplizenhaften Augenzwinkern, das soviel bedeutet wie: »Vorsicht! Das ist sehr wertvoll!«

Ich weiß nicht, ob das funktioniert, denn ich habe festgestellt, dass ich nichts von einem Schriftsteller habe. Wenigstens nicht von der Vorstellung, die man sich im Allgemeinen von einem Schriftsteller macht.

Von diesem traurigen alten Mann, der im schummerigen Kerzenschein schreibt und sein Leben damit verbringt, Sätze zu fabrizieren, die ihren ganzen Sinn erst ein paar Jahrhunderte später entfalten werden, der bei allen Verlegern an die Tür klopft, schmerzlich unter dem dauernden Misserfolg leidet und seinen Kummer in Wein und Opium ertränkt. Er ist ein Genie, aber das ist noch nicht bekannt, das kommt erst später. Wenn Schüler in ihren Aufsätzen schreiben: »Monsieur X war der Ansicht, dass ...«

Ich habe nichts von diesem Monsieur X, und der Mythos vom verkannten Dichter macht mich rasend. Für mich ist das geschriebene Wort etwas Lebendiges. Es lebte an den feuchten Wänden der kleinen Wohnung, in der ich aufgewachsen bin. Mit der weißen Kreide, die ich meiner Lehrerin stibitzte, beschrieb ich das Schicksal meiner armen Königstöchter. Das geschriebene Wort lebt immer, überall. In der Stoßzeit lausche ich all den erschöpften Gesichtern, deren Geschichten auf meinem Metro-Ticket landen. Im Morgengrauen komme ich aus der Disco und kritzele meine Ideen auf Post-its, damit der Schlaf sie mir nicht raubt. Und wenn ich im Auto einen Einfall habe, bitte ich meinen Mann, vor dem nächsten Schreibwarenladen anzuhalten, damit ich mir Stift und Papier kaufen kann. Das geschriebene Wort und

Est-ce qu'il faut donner son secret ? Du genre des grands-mères qui refilent leur vieille recette de cuisine ? Avec ce quelque chose de sacré dans le regard qui te dit : fais gaffe ! c'est précieux ce que tu tiens là !
Je ne sais pas si a marche parce que j'ai compris que je ne ressemble pas à un écrivain. Du moins, je ne ressemble pas à l'idée qu'on se fait de l'écrivain.
De ce vieil homme triste qui écrit à la faible lueur d'une bougie, et qui passe sa vie à fabriquer des phrases qui prendront tout leur sens dans quelques siècles, frappant à la porte de tous les éditeurs, essuyant péniblement ses échecs successifs, noyant son chagrin dans le vin et l'opium. Il est un génie mais on ne le sait pas encore, on le saura plus tard. travers des dissertations d'écoliers qui écriront : Monsieur X. pensait que Je ne ressemble en rien à Monsieur X et suis exaspérée par ce mythe de l'auteur maudit. L'écriture, je la vois vivante. Elle vivait sur les murs de ce petit appartement humide dans lequel j'ai grandi. Avec les craies blanches que je piquais à l'institutrice, je retra ais le parcours de mes princesses pauvres. L'écriture, elle vit tout le temps, partout. Tous ces visages épuisés aux heures de pointe, qui me racontent des histoires couchées sur mes tickets de métro. l'aube, en rentrant de boite de nuit, mes post-it sur lesquels je griffonne des idées que j'ai peur de me faire kidnapper par le sommeil. En voiture, pendant que mon mari conduit, une idée me vient et je le supplie de s'arrêter dès qu'il voit une papèterie ou je peux trouver un stylo et un carnet. L'écriture se mélange à la vie. Pas de moment particulier, ni d'atmosphère. Juste un peu d'inspiration. Surtout pas de discipline. Surtout pas.

das Leben sind eins. Kein besonderer Moment oder Atmosphäre. Nur ein bisschen Inspiration. Vor allem keine Disziplin. Bloß nicht.

(aus dem Französischen von Anja Nattefort)

Arbeitsanregungen

M

1. Ein Kurs der Kopernikus-Oberschule Berlin/Steglitz besuchte auf dem *internationalen literaturfestival berlin* eine Lesung mit Faïza Guène. Anschließend konnten Fragen gestellt werden. Welche Fragen hättest du der Autorin bei dieser Gelegenheit gern gestellt?

2. Es gibt eine Facebook-Gruppe *Toutes les infos sur Faïza Guène par ses fans!* Recherchiere die Einträge und schreibe selbst einen typischen Pinnwand-Eintrag für diese Gruppe.

3. Kläre die Begriffe »Périphérique« und »Banlieue«.

4. Fasse zusammen, wie Faïza Guènes erster Roman entstanden ist, welche Rolle ihre Familie dabei spielte und welche Sicht die Autorin auf die Vororte hat.

5. Charakterisiere die im Interview (S. 129 ff.) geschilderten »zwei Welten« von Paris: Du kannst in einer Tabelle die Unterschiede herausarbeiten.

6. Notiere einmal einen Tag lang alles, was dir Merkwürdiges auffällt, auf Zetteln, Fahrkarten, … und tippe erst am Abend alles in den Computer oder schreibe mit der Hand einen lustigen/traurigen/nüchternen/ironischen/… Text über deinen Tag.

7. Tauscht euch über die Erfahrungen mit dieser Form des Schreibens aus.

Verstehen und Deuten

Einführung

Peter Bekes/Heinz Reichling

Ein Lesetagebuch führen 2004

Mit dem Lesetagebuch begleitest und dokumentierst du deine Lektüre des Buches, das ihr gerade im Unterricht behandelt. Das bietet den Vorteil, dass du dich später besser an das Gelesene erinnern kannst. Das Lesetagebuch ist ein Dokument, das du selbstständig schreibst und gestaltest, in dem du deine Eindrücke und Erfahrungen vor, während und nach der Lektüre festhältst. Hier kannst du deine Leseerwartungen, deine persönlichen Interessen an und Fragen zu bestimmten Problemen des Textes deutlich machen; hier findest du aber auch einen Ort, über den Gang der unterrichtlichen Erarbeitung des Textes zu berichten.

Darauf solltest du beim Erstellen und Führen deines Lesetagebuches achten:

1. Richte für dein Lesetagebuch ein DIN-A5-Heft, ein DIN-A4-Heft oder eine Mappe ein.
2. Lege ein Deckblatt mit deinem Namen und dem Titel des Buches an, auf den du dich in deinem Lesetagebuch beziehst.
3. Fertige ein Inhaltsverzeichnis an.

4. Schreibe an jedem Tag, an dem du in deinem Text liest, in dein Lesetagebuch.
5. Versieh jede Eintragung mit dem aktuellen Datum und der Seitenzahl oder der Kapitelüberschrift. Nummeriere die Kapitel im Buch fortlaufend durch.
6. Wenn du etwas wörtlich aus dem Text übernimmst, wähle dafür eine besondere Farbe. Unterstreiche die Passagen in deinem Lesetagebuch, die du für besonders wichtig hältst.
7. Lege am Ende deines Tagebuches ein Wörterverzeichnis an. Dort listest du alle Wörter, deren Bedeutung du nachgeschlagen hast, mit Erklärungen aus dem Lexikon bzw. Internet auf. Gib dabei immer die Seite an, auf der du das Wort im Text gefunden hast.

Darauf solltest du ***zu Beginn deiner Lektüre*** *achten:*
1. Notiere, welche Vorstellungen und Erwartungen du mit dem Titel des Textes verbindest.
2. Sammle Informationen über den Autor/die Autorin des Textes. Benutze dazu ein Lexikon oder informiere dich über ihn/sie im Internet.
3. Schreibe deine Meinung zum Titel oder Umschlagbild des Textes auf. Du kannst auch eigene Vorschläge dazu machen.
4. Lies, falls vorhanden, den Klappentext des Buches. Notiere in dein Tagebuch, was du über den Text erfahren hast und worüber du gerne mehr erfahren möchtest.

M

*Das könntest du alles **während deiner Lektüre** in dein Lesetagebuch schreiben und zeichnen:*

1. Schreibe die Namen der Personen und Orte fortlaufend auf. Notiere die Zahl der Seite, auf der sie erscheinen.
2. Unterstreiche alle Zeitangaben im Text und stelle die wichtigsten Ereignisse in deinem Lesetagebuch anhand eines Zeitstrahls dar.
3. Schreibe die Sätze bzw. Textstellen ab, die du für besonders wichtig und einfallsreich, lustig oder spannend hältst.
4. Wenn du Lust hast, erzähle den Inhalt einzelner Kapitel und Ereignisse nach.
5. Notiere die wichtigsten Informationen über die Figuren, z.B. Namen, Alter, Aussehen, Charakter, Eigentümlichkeiten.
6. Schreibe deine Meinung dazu auf, wie sich die Figuren in bestimmten Situationen verhalten. Was hättest du an ihrer Stelle getan?
7. Nenne die Figur des Textes, die du am meisten magst. Warum?
8. Notiere dir die Themen und Probleme, die du besonders wichtig findest. Suche dazu nach weiteren Informationen.
9. Suche Bilder, Fotos und Zeichnungen, die den Text veranschaulichen, erklären und deuten.
10. Illustriere einzelne Handlungen, Figuren und Situationen des Textes durch Zeichnungen.
11. Fertige zu einzelnen Szenen Comics an. Schreibe in die Sprechblasen hinein, was die Figuren denken oder sagen.

12. Dein Lesetagebuch wird besonders interessant und abwechslungsreich, wenn du in ihm immer dann, wenn es sich anbietet, unterschiedliche Textformen ausprobierst. Schreibe einen Brief, verfasse ein Gedicht, schildere deine Fantasien und Träume.

Das könntest du ***nach deiner Lektüre*** *in dein Lesetagebuch schreiben:*

1. Mit dem Schluss des Buches ist zwar die Geschichte beendet, vielleicht aber noch nicht für dich. Notiere Anregungen, wie sie für einzelne Figuren weitergehen könnte.
2. Schreibe in dein Tagebuch, ob dir der Text gefallen hat. Mache dabei deutlich, welche Stellen bzw. Kapitel du für besonders interessant und spannend und welche du für langweilig gehalten hast.
3. Verfasse zu dem Buch deinen eigenen Klappentext.

Tipp: Die Aufgaben, die du in diesem Buch und in dem Arbeitsheft findest, sind oft Anregungen für die Arbeit mit dem Lesetagebuch. Achte darauf, dass du die entsprechenden Ergebnisse auch in deinem Lesetagebuch festhalten kannst.

Viel Spaß beim Schreiben des Lesetagebuches!

M

Pariser Zentrum und Banlieue: Welten und Gegenwelten

Bilder 2005/2007

Die Galeries Lafayette in Paris, Boulevard Haussmann

Demonstration gegen die Verhängung des Notstands, Paris, 2005

Wochenmarkt in Clichy-sous-Bois bei Paris nach Ausschreitungen

Ulrich Wickert

Frühstück im Café de Flore – Sonntag 2007

[…] AM SONNTAG ist Paris sehr viel ruhiger. Bei schönem Wetter kann man morgens im legendären Café Les Deux Magots besser in der Sonne frühstücken als im Café de Flore nebenan. Angenehmer lässt sich ein Tag kaum beginnen.

DANACH SOLLTE MAN einen Spaziergang in den Jardin du Luxembourg unternehmen: Es ist der schönste Park der Stadt! Und gerade am Sonntag tummelt sich dort das bürgerliche, intellektuelle Paris, vom Großvater bis zu den Enkelkindern. Hier steht immer noch das Karussell, nach dem Rilke sein Gedicht (»Und dann und wann ein weißer Elefant«) geschrieben hat. Wenn ich in Paris bin, gehe ich jedes Mal in diesen Park. Hier zeigt sich die Stadt so, wie sie mal war – und in ihrem Herzen eigentlich immer noch ist. Im östlichen Teil steht zudem ein altes Kaffeehaus, wo man gemütlich unter Bäumen sitzen und eine Erfrischung genießen kann.

ANSCHLIESSEND KANN MAN wunderbar im Quartier Latin von der Place de la Contrescarpe die Rue

Mouffetard hinunterschlendern. Es macht immer wieder Spaß, die Auslagen von Fisch-, Geflügel- und Gemüsehändlern anzuschauen: Das findet man so bei uns eben nicht. Für Unternehmungslustige bietet sich anschließend noch ein Abstecher in ein neues, spannendes Stadtviertel an: Belleville. Am besten fährt man mit der Metro bis zur Station Pyrénées und läuft dann die Rue de Belleville bergab. Hier wurde Edith Piaf geboren, und in den Straßen rundum liegen die Ateliers von mehr als 150 jungen Künstlern.

Edith Piaf
→ Seite 252

FRÜHER LEBTEN HIER viele polnische Einwanderer und jüdische Familien. Dann zog es französische Kleinbürger her, in den sechziger Jahren kamen Maghrebiner, dann weitere Afrikaner und seit einigen Jahren Asiaten. Daher gibt es auch Restaurants all dieser Volksgruppen. In der Rue de Belleville, Ecke Rue Dénoyez, liegt zum Beispiel das Bistro Aux Folies. Dort sitze ich gern und staune über die Vielfalt der Menschen, die hier einkehren oder vorbeigehen. Übrigens: In Belleville lasse ich Jacques Ricou wohnen, er ist die Hauptfigur meiner in Paris spielenden Kriminalromane.

Maghreb
→ Seite 252

AM SONNTAGABEND bietet es sich an, eine Ballett-Aufführung in der Opéra Garnier zu besuchen. Seit dem Bau der neuen Oper ist dieses Gebäude dem Tanz gewidmet, hier treten die besten Künstler der Welt auf. Allein wegen des grandiosen Bauwerks lohnt sich ein Besuch. Ich habe mich einmal während einer Pause im Saal auf den Boden gelegt, um das von Chagall gemalte Deckengemälde in Ruhe anzuschauen! Musikveranstaltungen

M

finden an vielen Pariser Adressen statt. Am schönsten finde ich Konzerte in der Sainte-Chapelle: Kein Ort strömt so viel Ambiente aus wie dieser wunderbare Bau mit seinen großartigen Fenstern.

WER LIEBER ZUM ABSCHLUSS der Reise noch einmal gut essen gehen will, dem sei das La Fontaine Gaillon empfohlen. Es gehört den Schauspielern Gérard Depardieu und Carole Bouquet, weshalb man hier auch immer wieder Leute aus der Welt des Films trifft. Vorsicht: Wer einen Nichtraucherplatz bestellt, der wird gern oben in ein hinteres Zimmer verfrachtet – in den unteren Räumen sitzt man besser. Das Essen im La Fontaine Gaillon ist vorzüglich, ich bestelle hier am liebsten Fisch. Ein wunderbarer Ort für den letzten Abend eines Paris-Wochenendes.

Montmartre, Paris

Arte TV

Chronologie der Ereignisse 2005 ______ 28.11.2006

25. Oktober 2005

[Der damalige] Innenminister Nicolas Sarkozy verkündet in Argenteuil: »Wir werden euch dieses Pack vom Hals schaffen«.

27. Oktober

Der 17-jährige Zyed Benna und der 15-jährige Bouna Traoré werden in einem Transformatorenhäuschen, in das sie sich vor der Polizei geflüchtet haben, durch Stromschläge tödlich verletzt. Ein dritter Jugendlicher, der 17½-jährige Muhittin Altun, erleidet schwerste Verbrennungen. In der Nacht kommt es in Clichy-sous-Bois zu ersten gewalttätigen Ausschreitungen.

28. Oktober

Der französische Innenminister erklärt, es habe sich um einen Diebstahl von Baumaterial gehandelt und bekräftigt, die Jugendlichen seien nicht von der Polizei verfolgt worden.

3. November

Die Familien der Opfer erstatten Anzeige gegen unbekannt wegen unterlassener Hilfeleistung; ein Ermittlungsverfahren wird eingeleitet.

4. November

Die Unruhen weiten sich auf andere Städte Frankreichs aus.

9. November

Verhängung des Ausnahmezustandes, der erst am 4. Januar 2006 wieder aufgehoben wird [...]

Oktober 2006: Demonstration zum Gedenken an den Tod der beiden Einwanderer 2005

Marc Zitzmann, Neue Zürcher Zeitung*

Vom Ghetto ins Wörterbuch. Die Sprache von Frankreichs Banlieue-Jugend

12. 5. 2004

*Text nach Schweizer Rechtschreibung

[…] Frankreichs Banlieue hat einen schlechten Ruf. Aber die Banlieue gibt es eigentlich gar nicht; nur sehr verschiedene Vorstädte: solche, wo Millionäre hausen, solche, wo Kleinbürger Tomaten ziehen, solche, wo Katzenzüchtervereine und Rentnerklubs gedeihen, und solche, wo Arme, Arbeitslose und Ausländer am Existenzminimum kratzen. Was letztere Kategorie betrifft: Besteht eine solche Vorstadt aus einem Ensemble von Hochhäusern, das in den sechziger oder siebziger Jahren aus dem Boden gestampft wurde und heute zu einem Gutteil von Maghrebinern und Schwarzafrikanern bewohnt wird, so nennt man sie eine »Cité« und macht einen weiten Bogen um sie herum. Im Fall der schlimmsten Cités tun das sogar die Busfahrer, Postboten und Polizisten – aber das Fernsehen mag da auch übertreiben […]

Tahar Ben Jelloun, Die Zeit

Tahar Ben Jelloun
→ Seite 252

Verbrannte Erde

10.11.2005

Denn sie wissen, was sie tun: Warum junge Franzosen auf die Barrikaden gehen

Frankreich wird in diesen Tagen brutal aus dem Schlaf gerissen. Es erkennt, dass seine menschliche Landschaft nicht schneeweiß ist. Es erkennt, dass die Franzosen nicht nur ein bunter Haufen sind, sondern zu großen Teilen arm und vernachlässigt. Und doch: Die schwierigen Lebensbedingungen, die Arbeits- und Perspektivlosigkeit allein können den Aufstand von Clichy-sous-Bois, der längst auf andere Vororte und Städte übergegriffen hat, nicht erklären.

»La Banlieue C dangereuse« (die Banlieue ist gefährlich)

Diese zornige Jugend kommt von weit her, und das Problem ihrer Identität wiegt schwerer als das ihrer Armut. Diese Jugendlichen sind nicht einmal hin- und hergerissen zwischen zwei Ländern, zum Beispiel Algerien und Frankreich. Nein, sie können sich weder mit dem einen noch mit dem anderen identifizieren. Frankreich ist ihre Heimat, doch das Land erkennt sie nicht an und lässt sie nicht mit am Tisch sitzen. Sie fühlen sich ausgeschlossen und abgelehnt. Nun halten sie ihrer Heimat einen Spiegel vor, aber Frankreich will sich darin nicht wiedererkennen. Tatsächlich hat das Land nie eine ernst zu nehmende Einwanderungspolitik gehabt. Vor allem aber hat die französische Öffentlichkeit sich nie vor Augen geführt, dass Einwanderer Kinder auf die Welt bringen und dass diese Kinder keine Einwanderer, sondern waschechte Franzosen sind […]

Michael Mönninger, Die Zeit

»Geld ist nichts, Respekt ist alles« ____ 10.11.2005

M

Mit Masken, Handys und Brandsätzen – in Frankreich revoltieren Jugendliche gegen die gebrochenen Versprechen der Republik

»Intifada?« Yussuf lacht und knallt die Kaffeetasse auf den Tresen. »Quatsch, wir wollen, dass Sarkozy endlich abhaut. So lange machen wir weiter.« Der 24 Jahre alte Franzose marokkanischer Abstammung steht mit Freunden in der Bar La Sablière am Fuß der Wohnsiedlung *Cité de trois mille* im Nordosten von Paris. Das Quartier zählt zu den berüchtigtsten Problemgebieten im gesamten Großraum. Ortsfremden, zumal wenn sie nicht farbig sind, rät die Polizei von einem Besuch dringend ab. Wer dennoch hierherkommt, ist zunächst überrascht. Durchaus freundlich wird einem von den Bewohnern der Weg gezeigt, und das weiträumige Quartier mit seinen sieben- bis zehngeschossigen Wohnzeilen ist kein vermüllter Slum, sondern eine durchschnittliche Sozialsiedlung im Grünen, in der nur wenige Häuser ramponiert sind [...]

»Wir sind kein Gesindel, kein Dreck, wir sind Menschen, die leben«

Am frühen Abend treffen immer mehr Jugendliche in der Bar ein. Wie Yussuf tragen viele Markenkleidung, fast jeder besitzt ein chromblitzendes Handy. Der Barbesitzer hat seine Musikanlage mit dem Rap-Song »Nous sommes tous dans la merde« voll aufgedreht. Ein höchstens zwölf Jahre alter Maulheld brüllt: »Wenn

Bobigny Vorort von Paris

Sarkozy hierher kommt, bringen wir ihn um.« Sobald nachts die Randale losgeht, heißt es später auf der Polizeipräfektur in Bobigny, werden die Kleinen in die erste Reihe geschoben, weil ihnen bei Festnahmen Straffreiheit sicher ist. Jetzt aber wird der vorlaute Kumpel von den Älteren mit einem kräftigen Schlag in den Nacken weggeschubst.

»Wir sind nicht Dreck, Abschaum, Gesindel, wie Sarkozy sagt«, schimpft der schwarze Franzose Yussuf. »Wir sind Menschen, wir leben – die brennenden Autos sind der Beweis.« Früher, so erzählt er, arbeitete er in der Gepäckabfertigung des nahe gelegenen Flughafens Charles de Gaulle. Doch nach den Anschlägen des 11. September wurden sämtliche maghrebinischen Flughafenarbeiter, die vorbestraft waren, aus Sicherheitsgründen entlassen. Yussuf war einer von ihnen. Es war nur ein kleines Delikt, sagt er mit wegwerfender Geste. Jetzt sucht er schon seit vier Jahren eine neue Arbeit. Geld zum Leben verschafft er sich, wie die meisten hier, mit Schwarzhandel und Gelegenheitsjobs. »Randale«, so glaubt er, »ist die einzige Möglichkeit, dass man über uns spricht. Wenn es hier wieder ruhig ist, wird kein einziger Journalist mehr da sein.« [...]

Gewalttätige Ausschreitungen in den Vorstädten gibt es in Frankreich seit über zwanzig Jahren, seitdem die ersten der in Frankreich geborenen Einwandererkinder in die Pubertät kamen. Jährlich brechen im Durchschnitt ein Dutzend Krawalle los, zumeist aus Protest gegen als zu hart empfundene Polizeiaktionen. Auch diesmal begannen die Krawalle nach dem Tod zweier Minderjähriger, die am 27. Oktober in Clichy-sous-Bois vor einer

Polizeikontrolle in eine Transformatorenstation flüchteten und im Starkstrom starben.

Der Bürgermeister von Clichy-sous-Bois, Claude Dilain, der immer die Miene eines besorgten Schuldirektors trägt, ahnte gleich Schlimmes: »Als ich den Innenminister am nächsten Tag sagen hörte, die beiden Jugendlichen seien Einbrecher gewesen, für deren Tod die Polizei nicht verantwortlich sei, da wusste ich: Das gibt Bürgerkrieg.«

[... A]uch das 15 Kilometer vom Pariser Zentrum entfernte Clichy-sous-Bois entspricht kaum dem Horrorgemälde eines vom Staat aufgegebenen Ghettos, in dem Banden herrschen und das Faustrecht gilt. Es gibt drei neue Schulen, großzügige Sportanlagen, der neue Jugendclub in einer umgebauten Diskothek steht kurz vor der Fertigstellung. Clichy ist vielmehr ein zentrales Lehrstück dafür, dass die Anstrengungen, welche die Regierung seit den achtziger Jahren in den Vorstädten unternommen hat, nichts genützt haben.

Bericht im Musikmagazin »The Fader«, Heft 36 (2005)

M

Faïza Guène

Blick aus dem Fenster
Die Schriftstellerin Faïza Guène über das Leben in den Banlieues

2007

Block A, Aufgang 1, Appartement 33.

Wenn es ein bisschen lauter und heller beleuchtet wäre, würde es hier fast aussehen wie in Manhattan. Einmal New York sehen – das ist mein großer Traum. Die Stadt, das ganze Leben dort! Was ich davon in Filmen gesehen habe, fand ich super! Diese Stadt ist ständig in Bewegung, Tag und Nacht. So ähnlich wie hier, aber multipliziert mit 10. Dort wirkt alles so groß und so offen. Bestimmt gucken die New Yorker die ganze Zeit nach oben in den Himmel: Sogar wenn er grau ist, sieht das schön aus mit den vielen Lichtern, die sich in den Fassaden der Gebäude spiegeln und heller funkeln als die Sterne. Wer in so einer Stadt lebt, kennt wohl keine Traurigkeit.

Unten vor dem Häuserblock hüpft eine marodierende Bande von Tauben hin und her, nervös darauf lauernd, dass ein winziger Brotkrümel durch Gottes Gnade unter ihrem Schnabel landet. Man könnte meinen, man wäre in Gaza.

Gaza
→ Seite 252

Die Witwe Joubert wirft mal wieder altes Brot von ihrem Balkon im 9. Stock. Das ist jedes Mal ein Höllenspektakel. Sie ruft ihnen aufmunternd zu: »Kommt her! Na, kommt schon, meine Kleinen! Das ist für dich, und das hier ist für dich!« Mir ist schon öfter aufgefallen, dass die Witwe Joubert eine Schwäche für Krüppel, Fettleibige und Einäugige hat. Die Viecher würden sogar ihr Gefieder dafür geben, eine winzige Krume aufzupicken.

Da hinten kommt ja wieder Monsieur Sy, der wie gewöhnlich seinen Zehn-Kilo-Sack Langkornreis auf der Schulter nach Hause schleppt. Man könnte meinen, er wäre ihm da angewachsen. Ihm folgen drei oder vier ebenfalls mit vollen Einkaufstüten beladene Mädchen, bestimmt seine Töchter. Mit ihren raschen Schritten schrecken die Mädels, ihre Baguette-Stangen fest umklammernd, die ausgehungerten Tauben auf. Was für eine Mühe, so eine große Familie zu ernähren. Viel schwieriger, als einen Schwarm Vögel zu füttern. Über die Familie Sy kursieren hier eine Menge Gerüchte. Es heißt, Monsieur Sy habe insgesamt vier Frauen und 17 Kinder, verteilt auf zwei Wohnungen hier in der Siedlung. Ich kann das nicht glauben. Ich weiß nicht. Wie sollen die denn alle in die kleinen Zimmer passen? Wie machen sie das morgens im Bad? Und was ist mit dem Essen? Wie soll er sich denn die Vornamen all der Kinder merken? Und ihre Geburtstage?

Ein Stückchen weiter jammert Nadine aus Marseille einer Nachbarin, die es schon nicht mehr hören kann, die Ohren voll von ihren Rückenschmerzen. Ich weiß, worüber sie redet, weil sie große Gesten macht wie alle Frauen vom Mittelmeer, außerdem sehe ich den gelangweilten Gesichtsausdruck der Nachbarin, die ungefähr alle zehn Sekunden einen Seufzer ausstößt. Jedes Mal, wenn ich diese Szene beobachte, frage ich mich, warum sie das nicht merkt. Vielleicht ist es ihr aber auch völlig schnuppe, dass sich niemand für ihre Geschichten interessiert, und sie folgt einfach nur ihrem inneren Drang, aller Welt auf den Geist zu gehen. Oder wenigstens ihrer kleinen Welt, also den Nachbarn aus dem Viertel.

Eine Bande von Streetworkern streunt durch die Gegend, sicher auf der Suche nach einer Bande von Jugendlichen, am besten in Schwierigkeiten, um mit ihnen anzubandeln, wie es in ihren Büchern steht, in Wirklichkeit aber auch, um mit ihnen zu handeln, denn sie haben kein Dope mehr für ihren Feierabend.

Heute muss hier irgendwo eine malische Hochzeitsfeier stattfinden, denn ein ganzer Regenbogen von Tuniken zieht vorüber und hinterlässt die Duftwolke einer billigen Kopie von Coco Chanel.

Plötzlich ertönt eine fröhliche Melodie, die immer näher kommt, bis man eine Meute von Kindern erblickt, die hinter dem Eiswagen herlaufen, einige rufen ihre Mutter ans Fenster, damit sie ihnen einen oder zwei Euro gibt, für ein Pfefferminzwassser oder ein Eis. Lustig, es sieht beinah so aus, als tanzten die Tanten aus Mali zur Musik des Eiswagens.

Ein weißer Renault Scenic fährt »in Zivil« die Hauptstraße entlang, und alle haben ihn erkannt. Drei Weiße in einem französischen Auto, Arme im offenen Fenster, die einen schief ansehen und dabei auf ihren Kaugummis herumschmatzen. Ist ja nicht sehr schwierig. Bullenautos erinnern mich immer an Haifische, sie tauchen genauso arglistig aus dem Hinterhalt auf, um einen Menschen zu verschlingen. Vor ein paar Jahren kamen sie in der Hitze des Spätsommers, packten sich den Türken aus dem fünften Stock und stießen ihn zu Boden. Ich sah aus dem Fenster zu. Sie waren sehr brutal. Er hatte gar nichts getan. Wirklich nicht. Der Junge schrie. Er war 15. Niemand hat auch nur ein Wort darüber verloren. Seit ich das gesehen habe, mag ich die Polizei nicht mehr.

Auf dem Grünstreifen sitzen die Klatschweiber, sie hocken immer an derselben Stelle, vor demselben Gebäude, Tag für Tag, Sommer wie Winter. Sie nutzen die Mittagspause ihrer Kinder, um jeden Pups im Viertel zu kommentieren, sie quasseln und quasseln, während ihre Kinder in der Nähe spielen. Wenn die Schule um 13 Uhr weitergeht, tratschen die Quasselstrippen weiter, und ihre Blagen hatten wie so oft nur ein Butterbrot oder Chips zum Mittagessen.

Dann aber stolziert Nadia mit ihrer langen, braunen Lockenpracht über den Platz, und wie immer um diese Zeit stehen die Uhren still. Die Fußballer haben sogar ihr Spiel unterbrochen, um ihr mit Stielaugen hinterherzugaffen. Für ein paar Sekunden liegt der Zauber ihrer Schönheit über dem Viertel.

Die ganze Szenerie wird untermalt vom Knattern der Motocrossräder, und morgen wird es wieder ganz genauso sein. Dieselben Leute. Oder andere. Ich bin bestimmt auch wieder da. Mein Fernseher wird ganz sicher aus sein, ich werde im Fensterrahmen lehnen und hinausschauen. Und irgendwann fahre ich auch mal nach New York.

M

Arbeitsanregungen

1. Betrachte die Fotos (S. 142 ff.): Welche Vorstellung vom Leben in Paris vermitteln sie jeweils?

2. Informiere dich in einem Reisemagazin, einem Reiseführer, im Internet etc. über Paris. Was würdest du dir als Tourist bzw. als Touristin in Paris gern anschauen?

3. Vergleiche die Texte von Ulrich Wickert (S. 144 ff.) und Fäiza Guène (S. 155 ff.) mit deinen eigenen Vorstellungen von Paris.

4. Recherchiere die Hintergründe der Ausschreitungen 2005 und der weiteren Ausschreitungen im Jahr 2007. Präsentiere deine Ergebnisse vor der Klasse oder in deinem Lesetagebuch.

5. Fasst die in den Artikeln (S. 148–153) geäußerten Meinungen kurz zusammen. Diskutiert sie.

6. Tauscht euch darüber aus, ob es in Deutschland zu ähnlichen Vorfällen kam oder kommen könnte.

Zwei Jungen in Berlin/Kreuzberg

Alex Rühle, Dirk Peitz

Aus einem Interview 2005

Güngör: Die Jugendlichen, die in der Pariser Banlieue aufwachsen, haben kein tolles Leben. Aber sie sind Franzosen, die nicht automatisch von Abschiebung bedroht sind. Jeder Jugendliche marokkanischer Herkunft wird einem da sagen, ich bin Franzose, ich bin hier geboren. Er würde nie auf die Idee kommen, arabisch zu rappen. Wenn man hier in die Vororte geht, sagen die Jungs, ich bin Türke. Du bist und bleibst Migrant, und jeden Tag werden neue Migranten produziert durch die Politik.

Aus einem Interview der Süddeutschen Zeitung mit Hannes Loh (ehemals Rapper, jetzt Lehrer), Murat Güngör (ehemals Rapper) und dem Rapper Bushido

Cristina Moles Kaupp

Der Begriff »Migrant/Migrantin« ____________ 2007

Migranten/innen sind Personen, die für längere Zeit oder dauerhaft ihren Wohnsitz in ein anderes Land verlegten. Oftmals haben sie ihr Herkunftsland in der Hoffnung verlassen, in einem anderen Staat bessere Arbeits- und Lebensbedingungen zu finden. Viele Zuwanderungen sind politisch, religiös oder sprachlich-kulturell motiviert.

Statistik ____________ 2007

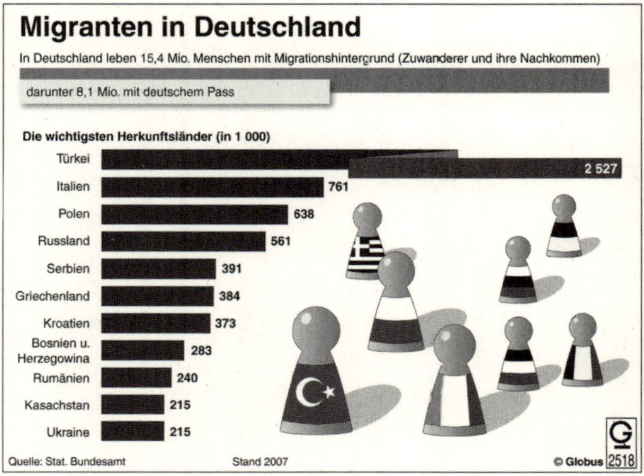

Murat Güngör/Hannes Loh

Der Begriff »Ausländer/Ausländerin« 2007

Der in Deutschland und auch in anderen europäischen Ländern häufig gebrauchte Begriff der Ausländer zweiter oder dritter Generation ist ein Begriff, der so eigentlich nicht funktioniert. Nur wenn wir bereit sind, hier geborene und aufgewachsene Menschen als Deutsche anzuerkennen, öffnen wir ihnen die Tür für eine erfolgreiche Integration.

Statistik 2007

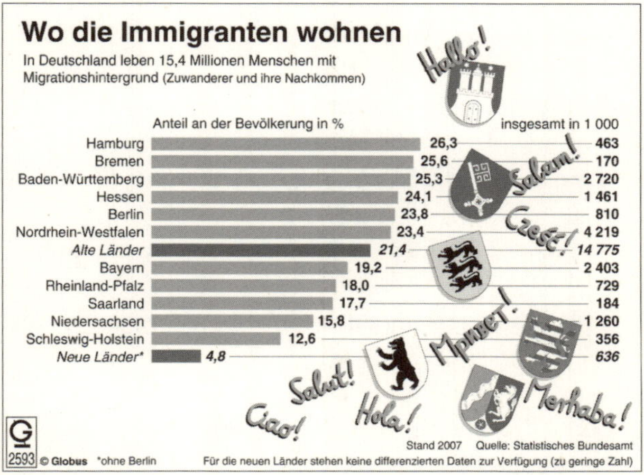

Zahlen und Fakten 2006/2007

- Verglichen mit 17 anderen Industriestaaten besteht in Deutschland der größte Leistungsunterschied zwischen deutschen Schülern einerseits und ausländischen Schülern bzw. Schülern mit Migrationshintergrund andererseits.

- 40 Prozent der in Deutschland geborenen Migrantenkinder verfügen nicht über die notwendigen Mindestfähigkeiten in Mathematik.

- In ihren Lernleistungen liegen Migrantenkinder im Durchschnitt drei Schuljahre hinter deutschen Kindern zurück.

- 40 Prozent aller Schüler aus Migrantenfamilien bleiben ohne jeglichen Abschluss.

- Das Risiko, später arbeitslos zu werden, ist bei Schülern mit Migrationshintergrund doppelt so hoch wie das der Schüler ohne Migrationshintergrund.

- 12 Prozent der Deutschen sind ohne Qualifikation.

- 40 Prozent der Migrantenkinder besuchen die Hauptschule.

- Nur 8 Prozent der Migrantenkinder beenden die Schule mit dem Abitur.

- 18 Prozent der Schüler mit Migrationshintergrund brechen die Schule ab.

- Nur jeder zehnte deutsche Junge (9,1 Prozent) und jedes zwanzigste deutsche Mädchen (5,3 Prozent) verlässt die Hauptschule ohne Abschluss.

- Die Ausbildungsquote von ausländischen Jugendlichen liegt derzeit bei 23 Prozent, die der deutschen bei 57 Prozent.

- Nur rund 40 Prozent der Einwandererkinder, aber 70 Prozent der deutschen Kinder machen einen mittleren oder höheren Schulabschluss.

- Der Anteil von Studenten mit Migrationshintergrund beträgt 3,3 Prozent.

Quellen:
- 7. Bericht der Beauftragten der Bundesregierung für Migration, Flüchtlinge und Integration über die Lage der Ausländerinnen und Ausländer in Deutschland (Dezember 2007)
- OECD-Studie: Wo haben Schüler mit Migrationshintergrund die größten Erfolgschancen: Eine vergleichende Analyse von Leistung und Engagement in PISA 2003

M

Cristina Moles Kaupp

Berlin/Neukölln – ein sozialer Brennpunkt ___ 2006

In dem traditionellen Westberliner Arbeiterbezirk liegen Bildungsniveau und Einkommen unter dem Berliner und bundesdeutschen Durchschnitt. Verschärft wird die soziale Lage durch eine hohe Anzahl von kinderreichen Migranten/innen-Familien aus meist ländlichen Gebieten vor allem der Türkei und den Nachfolgestaaten des ehemaligen Jugoslawien, deren Integration in die deutsche Gesellschaft in weiten Teilen missglückt ist [...]

In Neukölln waren 2004 dem Statistischen Landesamt Berlin zufolge insgesamt 31 595 Schüler/innen gemeldet, darunter 30,4 Prozent nichtdeutscher Herkunft. Im Neuköllner Norden waren es bei den Neueinschulungen im gleichen Jahr etwa 70 Prozent und es gibt Schulen, in denen der Anteil von Schülern/innen nichtdeutscher Herkunft bis zu 85 Prozent beträgt. Sprachdefizite wirken sich über die ganze Schulzeit und anschließend auf Vermittlungschancen von Jugendlichen in Neukölln verheerend aus. Immerhin 21 Prozent der Neuköllner Schüler/innen erlangen die allgemeine Hochschulreife, 19 Prozent – darunter viele ausländische Schüler/innen – hingegen verlassen die Schule ohne Abschluss. Ein Zehntel, überwiegend Hauptschüler/innen, schwänzt häufig die Schule, darunter fast doppelt so viele mit nichtdeutscher Herkunft.

Neukölln Nord hat den höchsten Anteil an Menschen, die unter der deutschen Armutsgrenze von 606 Euro leben (35 Prozent). Die Arbeitslosigkeit liegt zwischen 35 und 40 Prozent. Etwa 25 Prozent der Bewohner/innen beziehen Sozialhilfe – der Bundesdurchschnitt liegt bei drei Prozent, der Berliner Schnitt bei sieben. Kriminalität ist trotz der in Berlin insgesamt leicht sinkenden Kriminalitätsrate an der Tagesordnung – wie auch die offene, für jeden sichtbare Drogenszene […]

Neukölln Nord wird in den Medien gerne als Paradebeispiel einer fehlgeschlagenen Stadtentwicklung aufgeführt. Eine nicht veröffentlichte Studie der Polizei nennt mafiose Strukturen und Familien-Clans beim Namen und zeigt die Existenz sogenannter Parallelgesellschaften auf. Als »Parallelgesellschaften« werden ethnisch homogene Bevölkerungsgruppen bezeichnet, die sich absichtlich von der »Mehrheitsgesellschaft« abschotten. Der Begriff »Parallelgesellschaft« impliziert quasi den Fehlschlag der Integration, er ist aber auch umstritten, da er unterschwellig immer die scheinbar festgeschriebenen Wertevorstellungen einer Mehrheitsgesellschaft als Maßstab nimmt und alle Abweichungen von diesen kritisiert.

Sonnenallee, Berlin/Neukölln

M

Sarah El Bakri

Zwischen den Zeilen lesen 2008

[…] Friedliches Vogelgezwitscher, blühende Blumen in allen Variationen, der Duft von grünem Rasen – im Grunde stimmt hier alles. Es ist Samstag, mitten im Mai, und ich stehe in Neukölln […]

In Neukölln leben rund 150 000 Einwohner, Neukölln hat schöne Ecken und Sehenswürdigleiten […] Ich selbst bin in Neukölln geboren. Ich lebe nun seit 18 Jahren in dem süd-östlichen Bezirk Berlins. Sobald ich anderen erzähle, dass ich in Neukölln zur Schule gehe und einen arabischen Migrationshintergrund habe, heißt es sofort: »Neukölln?! Gehst du etwa auf diese Rütli-Schule??« Neukölln ist in den Augen vieler ein Bezirk, den man meiden sollte, größtenteils, weil sie nur Schlechtes über ihn hören und Angst haben, dort von »Ausländern« bestohlen und bedroht zu werden […]

Neukölln hat viele schöne Ecken, die bloß nie erwähnt werden. Wer kennt den Britzer Garten, auch BUGA genannt? Das ist eine riesige Anlage, die sich nicht nur in Neukölln befindet, sondern deren Fläche auch bis hin nach Tempelhof reicht. In dieser wunderschönen grünen Anlage kann man minigolfen und, was zurzeit noch besser ist, sich einfach nur in die Sonne legen. Hier befindet sich das Paradies. Der Britzer Garten ist immer einen Besuch wert, wenn man sich entspannen möchte und einfach mal weg will vom Großstadtlärm.

Vielleicht aber brauchen die Menschen ein anderes Neukölln. Vielleicht soll es ein Neukölln geben, das mit Problemen behaftet ist. Das macht den eigenen Kiez schließlich besser, wertet ihn auf und andere ab. Ich kann nur jedem empfehlen, sich einmal Zeit zu nehmen, um Neukölln selbst zu erkunden. Die Musik-und Volkshochschulen sind wunderbar, die Werkstatt der Kulturen oder auch die verschieden Straßenfeste, die oft in Neukölln veranstaltet werden, sind interessant. Das sind alles Plätze und Ereignisse, die man kaum kennt, aber kennen sollte, bevor man »Rütli« sagt.

Britzer Garten, Berlin/Neukölln

Arbeitsanregungen

1. Erkläre mithilfe der Definitionen und Statistiken (S. 160 f.), wieso es nicht sinnvoll ist, von *den* Ausländern und *den* Deutschen zu sprechen.

2. Wähle eine Präsentationsform, die die Fakten (S. 162 f.) übersichtlicher gestaltet.

3. Benenne die wichtigsten Problemfelder, die sich in Bezug auf die Integration von Migrantinnen und Migranten aus den Texten des Kapitels ablesen lassen.

4. Diskutiert, wie ihr euch eine gelungene Integration vorstellt.

5. Erarbeitet in einer Gruppe Vorschläge, wie man eine größere Chancengleichheit erreichen könnte.

Wladimir Kaminer

Russendisko 2000

[…] Ich ließ aber nicht locker und untersuchte die Lage weiter. Von Tag zu Tag erfuhr ich mehr. Die Chinesen aus dem Imbiss gegenüber von meinem Haus sind Vietnamesen. Der Inder aus der Rykestraße ist in Wirklichkeit ein überzeugter Tunesier aus Karthago. Und der Chef der afroamerikanischen Kneipe mit lauter Voodoo-Zeug an den Wänden – ein Belgier. Selbst das letzte Bollwerk der Authentizität, die Zigarettenverkäufer aus Vietnam, ist nicht viel mehr als ein durch Fernsehserien und Polizeieinsätze entstandenes Klischee. Trotzdem wird es von den Beteiligten bedient, obwohl jeder Polizist weiß, dass die sogenannten Vietnamesen aus der Inneren Mongolei kommen.

Ich war von den Ergebnissen meiner Untersuchungen sehr überrascht und lief eifrig weiter durch die Stadt, auf der Suche nach der letzten unverfälschten Wahrheit. Vor allem beschäftigte mich die Frage, wer die sogenannten Deutschen sind, die diese typisch einheimischen Läden mit Eisbein und Sauerkraut betreiben. Die kleinen gemütlichen Kneipen, die oft »Bei Olly« oder »Bei Scholly« oder ähnlich heißen, und wo das Bier immer noch die Hälfte kostet. Doch dort stieß ich auf eine Mauer des Schweigens […]

Franco Biondi

Sprachfelder — 1979

In meinem Kopf
haben sich
die Grenzen zweier Sprachen
verwischt

doch
zwischen mir
und mir
verläuft noch
der Trennzaun
der Wunden zurücklässt

jedes Mal
wenn ich ihn öffne

Zoran Drvenkar

solch eine lange reise — 2005

erinnerst du dich
wie mutter die vorhänge
zum trocknen aufhängte
und da waren sie dann
schwer und träge
hingen sie vor den offenen fenstern
versperrten dem sommer
den einlass

und wir haben beobachtet
wie die vorhänge im sonnenlicht
leichter und leichter wurden
bis die erste brise
sie aufdrückte

der sommer kam herein
schlich durch die wohnung
und machte das atmen schwer
und die luft so süß duftend

an diesen tagen reisten wir
durch die länder und nahmen
die städte als geiseln und waren
mal in kairo mal in austin
mal in oslo und dann in skopje
kehrten aber immer nach berlin
zur rauschenden autobahn zurück
die unermüdlich den soundtrack
zu unserem mickrigen leben spielte

M

Zafer Şenocak

XIV — 1984

ich habe meine Füße auf zwei Planeten
wenn sie sich in Bewegung setzen
zerren sie mich mit
ich falle

ich trage zwei Welten in mir
aber keine ist ganz
sie bluten ständig

die Grenze verläuft
mitten durch meine Zunge

ich rüttle daran wie ein Häftling
das Spiel an einer Wunde

Marjane Satrapi

Persepolis: Jugendjahre — 2000/2001

Die Ich-Erzählerin Marjane des Comic-Romans »Persepolis« wächst im Iran auf. Als dort der Krieg ausbricht, schicken ihre Eltern sie in ein Internat nach Österreich.

ICH SCHAFFTE ES SOGAR, MEINE NATIONALITÄT ZU VERLEUGNEN.
ES WAR BEI EINEM SCHULFEST.
HALLO, ICH BIN MARC. ICH HAB LETZTES JAHR MEIN ABI GEMACHT. DU BIST NEU HIER, STIMMT'S? WIE HEISST DU?
MARJANE. ICH BIN SEIT EINEM JAHR HIER.
WOHER KOMMST DU, MARIE-JEANNE?
ICH BIN FRANZÖSIN.
ACH JA? DU HAST EINEN SELTSAMEN AKZENT FÜR EINE FRANZÖSIN.
TJA, ICH GEH MAL MEINE FREUNDE SUCHEN. TSCHÜS.
ZU DER ZEIT STAND DER IRAN FÜR DAS BÖSE. IRANERIN ZU SEIN WAR EINE SCHWERE BÜRDE.
ES WAR LEICHTER ZU LÜGEN ALS DAZU ZU STEHEN.
WER IST DER TYP?
MARC? DAS IST DER BRUDER VON ANNA, DEM MÄDCHEN IM GESTREIFTEN PULLOVER. EIN BLÖDER SPIESSER. MIT DENEN SOLLTE MAN NICHT REDEN.
ALS ICH ZUHAUSE WAR, FIEL MIR EIN, WAS MIR MEINE GROSSMUTTER GESAGT HATTE: „BLEIB IMMER WÜRDEVOLL UND DIR SELBER TREU!"
ACH, OMA ...

UNGLÜCKLICHERWEISE KAM ALLES HERAUS. EIN PAAR TAGE SPÄTER IN EINEM CAFÉ IN DER NÄHE DER SCHULE.
SIE HAT MEINEM BRUDER ERZÄHLT, SIE SEI FRANZÖSIN.
UND HAT ER'S GEGLAUBT?
WO DENKST DU HIN! SO WIE DIE SPRICHT!
UND WIE SIE AUSSIEHT!
WOLLTE DEIN BRUDER SIE ANBAGGERN?
AUF KEINEN FALL!
ACH, EIN GLÜCK. SO HÄSSLICH WIE SIE IST, WÄRE ES ECHT UNFAIR, WENN SIE EINEN TYPEN WIE MARC BEKÄME.
HA! HA! HA! ICH WÜRDE MICH UMBRINGEN, WENN MEIN BRUDER MIT SO EINER KUH GINGE...
ICH WEISS NICHT, OB ES EUCH AUFGEFALLEN IST: SIE REDET NIE VON IHREM LAND ODER IHREN ELTERN.
ABER SICHER! SIE LÜGT, WENN SIE SAGT, DASS SIE DEN KRIEG ERLEBT HAT. SIE WILL SICH NUR INTERESSANT MACHEN.
IHRE ELTERN SIND SICHER FROH, SIE LOS ZU SEIN, SONST HÄTTEN SIE SIE NICHT ALLEINE FORTGESCHICKT!
DAS WAR ZU VIEL. MEIN BLUT KOCHTE.

HALTET DIE SCHNAUZE ODER ES GIBT EINS DRAUF !
ICH BIN IRANERIN UND STOLZ DARAUF !
SIE IST KOMPLETT ÜBERGESCHNAPPT.
ICH WOLLTE STERBEN.
CAFÉ
WO WAREN MEINE ELTERN , DIE MICH IN DEN ARM NAHMEN UND MICH TRÖSTETEN ?
ABER EIGENTLICH GAB ES GAR KEINEN GRUND ZUM WEINEN.
ICH HATTE ENDLICH ZU MIR GESTANDEN.
ZUM ERSTEN MAL SEIT EINEM JAHR WAR ICH STOLZ.
ICH HATTE VERSTANDEN , WAS GROSSMUTTER MEINTE: ICH MUSSTE ZUERST WISSEN, WER ICH WAR , BEVOR ICH MICH INTEGRIEREN KONNTE.

M

Arbeitsanregungen

1. Lies erneut die Seiten 17 und 56 des Romans und erkläre, was für Doria »Heimat« und »Fremde« bedeuten.

2. Der Schweizer Schriftsteller Max Frisch hat zum Thema »Heimat« einen »Fragebogen« entworfen. Eine der Fragen ist die folgende:
   Was bezeichnen Sie als Heimat: a) ein Dorf?,
   b) eine Stadt oder ein Quartier darin?,
   c) einen Sprachraum?, d) einen Erdteil?,
   e) eine Wohnung?
   – Suche dir eine Sprecherin/einen Sprecher aus einem der Texte (S. 169 ff.) aus und notiere eine mögliche Antwort auf Max Frischs Frage aus deren Sicht. Begründe, indem du Belege aus dem jeweiligen Text anführst.
   – Wie würdest du antworten? Tauscht euch aus.

3. Beschreibe, welche Sicht die Ich-Erzählerin in *Persepolis* auf die Personen in ihrem sozialen Umfeld und auf deren Alltag hat.

4. Doria erlebt beim Einkauf auf dem Trödelmarkt (S. 76 f.) Ähnliches wie Marjane in *Persepolis* (S. 173 f.). Vergleiche die Situationen, das Verhalten der anderen und die Reaktionen der zwei Ich-Erzählerinnen.

5. Inszeniert ein Rollenspiel, in dem sich Marjane und Doria über ihre Erlebnisse und Reaktionen unterhalten und besprechen, ob man »einen Panzer« brauche.

Dorothea Hahn, taz

Die Sagan der Vorstädte ______ 23.10.2006

Die Romane von Faïza Guène lesen sich wie Rap […]

In Faïza Guènes Büchern geht es um konkrete Dinge, die sie um sich herum beobachtet. Die knappen, bildreichen Sätze kommen aus dem Arabischen. Ihre zweite Sprache, die sie mit der Mutter in der Küche benutzt, und bei Sommerurlauben bei den Verwandten in Algerien. […]

Jason Burke, The Guardian

Die Stimme der Vorstädte ______ 2006

[…] Der französische Titel des Buches, *Kiffe Kiffe Demain*, ist eine fast unübersetzbare Mischung aus adaptiertem Arabisch und »reinem« Französisch. Der Text wimmelt von solchen sprachlichen und kulturellen Gegenüberstellungen, so wie diese die Sprache der meisten Jugendlichen von Paris bevölkern. »Nehmen Sie das Französische selbst«, sagt Guène. »Offensichtlich darf man das nicht anrühren. Es ist reserviert für die Elite. Es wäre aber wirklich besser, wenn sich die Leute nicht nur der sozialen Bedingungen wegen für das interessierten, was in der Banlieue geschieht. Es gibt dort genauso nicht nur einen großen Reichtum und eine große Kreativität, sondern auch ein enormes Bedürfnis, sich selbst auszudrücken […]«

*Text nach Schweizer Rechtschreibung

Marc Zitzmann, Neue Zürcher Zeitung*

Vom Ghetto ins Wörterbuch. Die Sprache von Frankreichs Banlieue-Jugend ______ 12.5.2004

In Frankreichs »Cités« wohnen vorwiegend Arme, Arbeitslose und Ausländer. Die Jugend spricht hier eine eigene Sprache, die seit einigen Jahren auf breites Interesse stösst – auch in Buch und Film. Neuerdings wird sie sogar salonfähig […]

Feridun Zaimoglu

Kanak Sprak ______ 1995

In seinem Buch »Kanak Sprak. 24 Misstöne vom Rande der Gesellschaft« dokumentiert der Schriftsteller Feridun Zaimoglu die Situation von deutschtürkischen männlichen Jugendlichen und jungen Männern.

Der Autor prägte mit seinem auf Interviews basierenden Buch die »Kanak Sprak« entscheidend mit. Den Ausdruck »Kanake«, ursprünglich ein Schimpfwort, mit dem Deutsche türkische Zuwanderer bezeichneten, wertet Zaimoglu um in die positive Selbstbezeichnung für die Angehörigen einer städtischen jugendlichen Subkultur, die Kinder türkischer Arbeitsimmigranten, die zwischen zwei Kulturen aufwachsen.

Ich bin der, der ich bin

[…] In der schule lehrt der oberdeutsche was, dass ich null vorankomm, wenn ich's wissen nich hab. Ich mein wissen. Ich geh in der gegend auf und ab, und die hänger nicken mit'm kopf und wollen nicht wissen, wie und wo's langgeht, das ist mein stil […] Die alten sagen: für jedes schloss ein schlüssel. Für meine tür hab ich'n schlüssel, der passt, und mein wert is zum teil der schlüssel, zum teil, was da hinter der tür so übles wartet. Der deutsche kapiert das nicht, meine sorge soll das auch nich sein, dass sie das in'n kopf kriegen, ihnen gehört das land hier, […] ich aber bin nicht mehr da, wo ich herkomme […]

(Hasan, 13, Streuner und Schüler)

Pop is ne fatale Orgie

[…] Und überhaupt: 'n kanake als freund rangiert ganz unten auf der multikultiliste, besser is'n jamaikanigger mit ner zottelperücke, noch besser 'n schmalzlatino, und die ganz heiße oberfesche krone is denn 'n yankee-nigger […]

(Abdurrahman, 24, Rapper)

Mischsprache 2006

Isch könnte nie einen Mann lieben wenn er meine Sprache nischt kann * die Mischsprache * einen Türken nich und auch keinen Deutschen * isch könnte nie zu einem sagen *ich liebe dich * das klingt so hart * aber seni seviyorum (= ich liebe dich) klingt schön.

Definition: Ethnolekt

Varietäten, Sprechweisen oder Sprachstile, die von Sprechern nichtdeutscher Herkunft verwendet und als typisch eingestuft werden. Im Unterschied zur Jugendsprache betreffen die Änderungen nicht nur den Wortschatz, sondern auch die Grammatik.

Tiger – die Kralle von Kreuzberg

Tiger, eigentlich Cemal Atakan, Comedian, wurde in der türkischen Stadt Kayseri geboren und lebt seit 1982 in Kreuzberg.

Wie man rischtisch sprischt 2008

Hallo, heute ich erzähle, wie du sprichst rischtisch mit Mädschen. Nur mit rischtisch Teckniek du kriegst Mädschen, ja? Guck ma, wenn du fährst U-Bahn oder bist Straße, dann hörst du doch bestimmt diese Gespräsch, ja?

Junge hat Handy und sagt zum Beispiel so: Was? – Hä? – Wo bist du? Hä? Wie, du bist U-Bahn? – Hä? – Mit wem bist du? – Hä? – Wie, was ist los mit mir? – Hä? – Was, du gehst aus? Ich gib dir gleich, du gehst aus. – Hä? – Nein, du gehst nicht aus. – Hä? usw., weißt du. Guck ma, wenn du so hörst, du denkst bestimmt, Junge spricht komisch, er hat keine Ahnung – falsch: Junge spricht so, weil er hat Ahnung. Und wie er Ahnung hat! Guck mal, ist alles Teckniek [...]

M

Aus der Werbung

M

Werbung für *Das Telefonbuch*

Arbeitsanregungen

1. Beschreibe den Stil von Faïza Guène. Setze dich mit der Aussage auseinander, die Romane von Faïza Guène läsen sich wie Rap (»to rap« = klopfen, pochen; R.a.P. = Rhythm and Poetry).

2. Schreibe die ersten 16 Zeilen des Romans in »reinem« Deutsch auf. Vergleiche. Was stellst du fest?

3. Am Ende des Romans träumt Doria davon, eine Revolte in der Cité du Paris anzuführen. Entwirf Dorias Aufruf zum Aufruhr. Versuche dabei, Dorias Sprechweise zu imitieren.

4. Untersuche die sprachlichen Besonderheiten der »Kanak Sprak« (S. 178 f.) und vergleiche sie mit der Standardsprache.

5. Suche in deiner Umgebung oder in den Medien weitere Beispiele für Ethnolekt (S. 180).

6. Diskutiert über den Sinn solcher Verbreitung von Ethnolekt und die Grenzen dieser Sprechweise.

Friedrich Dieckmann

Der Begriff »Heimat« 2008

Aber es gibt nicht nur angestammte, es gibt auch erworbene Heimat, ein Aneignen, das aus dem Sich-Einfügen in das Neue, Fremdartige hervorgeht.

Jonathan Fischer, Süddeutsche Zeitung

Interview mit Banlieue-Rappern: Freiheit, Heuchelei, Brüderlichkeit 23.11.2005

Féfé von der französischen »Saian Supa Crew« äußert sich nach den Jugendkrawallen in Paris über Hip-Hop im Zeichen der Banlieue

[…]
SZ: Bietet Hip-Hop den Immigrantenkindern einen Weg aus dem Ghetto?
Féfé: Mich stören all diese Klischees. Wenn du aus den Vorstädten ausbrechen willst, heißt es, musst du Fußballer, Rapper oder Gangster werden. Das ist Quatsch. Viele meiner Freunde haben es durch schulische Disziplin und harte Arbeit geschafft. Tragischerweise glauben die Jugendlichen in den Cités allzu oft selbst an diese Klischees. Das heißt sie investieren ihre Energie nicht in die Ausbildung, sondern hoffen, es durch Dealen, Fußball und Rap zu schaffen. Meine Eltern haben mich für ein Jahr nach

England geschickt, das hat mir die Augen geöffnet. Ansonsten wäre ich vielleicht auch auf die schiefe Bahn geraten. In der Banlieue geht das schnell: Du fühlst dich vernachlässigt und zurückgewiesen – und holst dir deine Selbstbestätigung dann auf andere Weise [...]

SZ: Können Rapper in dieser Situation eine politische Vision vermitteln?

Féfé: Hip-Hop müsse ein CNN des Ghettos sein, hat Chuck D einmal gefordert. Viele Rapper jedoch verzerren das Bild der Cités, zeichnen eine Karikatur nach den Gangstarap-Vorbildern aus Amerika. Aber wer möchte schon über Armut, Diskrimination und schlechte Bildungschancen rappen? Wir singen auf unserem neuen Album von einer schwarzen alleinerziehenden Mutter, die sich in Paris durchschlägt. Das ist eine Geschichte, die dort jeder kennt.

CNN **Cable News Network – amerikanischer Nachrichtensender**

Chuck D **US-amerikanischer Rapper, Mitglied der Hip-Hop-Gruppe Public Enemy**

SZ: In dem Song »Zonarisk« korrigieren Sie manches Klischee von der angeblichen Vorstadthölle ...

Féfé: Vor den letzten Präsidentschaftswahlen stellten die Medien die Situation in den Ghettos so dar: Alle wollen Gangster sein, es wird wild herumgeschossen, gedealt und an jeder Ecke vergewaltigt. Aber wer zeigt all die Schüler, Studenten und berufstätigen Menschen, die auch dort leben? Es ist wichtig, den Vorstadt-Jugendlichen klarzumachen, dass man mit Bildung weiter kommt als mit Drogendealen. Ich habe in den Cités viele positive Werte kennen gelernt. Solidarität etwa. Wenn du Hilfe brauchst, dann setzen sich die Leute dort sofort für dich ein. Auch die multikulturelle Mischung hat ihr Gutes: Du wirst nirgends soviel Toleranz für andere Lebensformen finden wie in der Cité.

SZ: Fühlen Sie sich überhaupt als französischer Bürger?
Féfé: Noch vor fünf Jahren hätte ich Nein gesagt, aber nun fühle ich mich als Teil dieser Nation. Ich bin mit meiner Hip-Hop-Crew um die Welt gereist und habe gemerkt, wie viel ich an meinem Land und seiner Kultur schätze. Wir sprechen alle französisch, haben auf französischen Schulen gelernt, schauen französisches Fernsehen. Aber am wichtigsten sind für mich die ideellen Werte Frankreichs: Seine Schriftsteller, seine Philosophen, die Tradition der radikalen Kritik und die der revolutionären Träume.
[…]

Andreas Margara, regioactive.de – die Musikszene im web

Zensur für französische Rapper? ______ 30.11.2005

Als Konsequenz aus den Banlieue-Ausschreitungen trifft die französische Regierung nun diverse politische Maßnahmen. Neben Verschärfungen in der Einwanderungspolitik werden im Parlament von rechter Seite zunehmend Textverbote für französische Rapper gefordert, die wegen ihrer Gewaltaufrufe mitverantwortlich für die Aufstände gemacht werden.

Kurz nach dem Abklingen der Pariser Vorortkrawalle antwortet die französische Regierung mit einer Reihe einschneidender Gesetzesverschärfungen. Im Mittelpunkt der Diskussion steht wieder einmal Frankreichs Innenminister **Nicolas Sarkozy**, der im Parlament lautstark für eine »selektive Einwanderung« wirbt […]

Als weiterer Teil des von Premierminister **Dominique de Villepin** geforderten »republikanischen Rucks« wird nun von konservativer Seite ein Textverbot für sieben französische Rapper gefordert. Diese hätten mit ihren Lyrics maßgeblichen Einfluss auf die schweren Unruhen in den Banlieues ausgeübt und offen zur Gewalt aufgerufen, so **François Grosdidier** von der Regierungspartei UMP.

Neben Rapper **Monsieur R**, der sich mit seinem kritischen Track namens »*FranSSe*« (in dem er Frankreich als Schlampe bezichtigt und auch zu einer dementsprechenden Behandlung aufruft) bereits einen Platz auf dem Index sicherte, fordert die rechte Flanke des Parlaments mit einer Petition nun ein Verbot für sechs weitere Gruppen und Einzelkünstler. Betroffen sind **Smala, Fabe, Salif, Lunatic, 113** und **Ministère Amer**. Die meisten der selbstbekennend-provokanten Rapper wuchsen selbst in einem der sozialen Brennpunkte in Paris auf und sind mit der ungleichen Behandlung der Einwanderer bestens vertraut.

Französische Raptexte, die schon seit über zehn Jahren die Tristesse der Vorstädte mit Integrationsproblemen, hoher Arbeitslosigkeit und übertriebener Polizeigewalt artikulieren, sind für viele Betroffene die einzige Möglichkeit, ihren Frust auszudrücken. Bekannte Rapcrews wie **Suprême NTM, Fonky Family, Disiz la Peste** oder **Rohff** verschafften sich so schon früh in den 90er-Jahren durch ihre harten politischen Texte Gehör [...]

M

Pamo Roth, fluter.de

Voll das Leben
Der Rapper Hassan
über Respekt und Vorurteile ______________ 24. 8. 2006

»Hass« hat er sich ausgesucht als Namen, unter dem er in der HipHop-Community auftritt und der ihm Credibility verschafft: »Das ist der Hassan, alles was er sagt, hört sich nach Hass an«, intoniert der 17 Jahre alte Junge rhythmisch [...] Hassans Familie kommt aus dem Libanon, er ist im Alter von einem Jahr nach Deutschland gekommen und in Neukölln aufgewachsen. Er darf Berlin nicht verlassen, weil er nur eine Duldung hat. »Neukölln ist meine Heimat« [...]

Neukölln – das ist die fleckige, rissige Haut der nackten Betonwände. Das sind türkische oder arabische Satzfetzen, die aus dem Hinterhof durch die Durchfahrten hallen, das ist das Gezirpe aus Singvogelkäfigen an den Balkonen und das Röhren der aufgetunten BMWs auf dem Kottbusser Damm. Neukölln ist aber vor allem der Mythos, der den Duft des harten Lebens in den sozialen Brennpunkten verströmt. Von der »Endstation Neukölln«, wie das Nachrichtenmagazin *Der Spiegel* 1997 getitelt hat, heißen neuerliche Labels: »Zentrum des sozialen Niedergangs« (*arte*) oder »Krawalle der Berliner Banlieue« (*Bayerischer Rundfunk*): »Hoher Ausländeranteil, mangelnde Integration, brutale Bandenkriminalität, Drogenmafia – du hast keine Chance, aber nutze sie« – und beschwören die Frage, wann die gettoisierten Vororte Berlins so brennen wie die New Yorker Bronx oder die Pariser Banlieue.

Bonjour Tristesse
→ Seite 252

Bonjour Tristesse

Hass – Rap-Pseudonym von Hassan –, so heißt auch ein französischer Film von Mathieu Kassovitz über die brennende Pariser Banlieue: Eine sozialkritische Gesellschaftsstudie in schwarz-weißen Bildern über das Leben in den tristen Beton-Trabantenstädten: [...] Diesen Film kennt Hassan nicht, dafür aber kennt er den Neukölln-Film von diesem Jahr, der wie eine Neuauflage von *Hass* von der Tristesse der Großstadt-Schattenseiten erzählt: *Knallhart* von Detlev Buck. Dieses Sozialdrama nutzt die und spielt mit den Klischees vom harten, hoffnungslosen Neukölln in den verschiedenen Lebensbereichen. Familie wird in *Knallhart* entweder inszeniert als ein Hort der Gewalt oder als peinliches Anhängsel, das schamvoll ignoriert wird wie bei dem Bandenchef Erol, der seine Frau samt Kindern sich selbst überlässt, während er auf der Straße rumlungert.

Diametral dagegen steht die Verantwortung und der Respekt, den Hassan seiner Familie entgegenbringt: Seit der Vater gegangen ist, ist der Minderjährige der Hauptverantwortliche der Familie, er kümmert sich um die allein erziehende und an Epilepsie erkrankte Mutter, gibt Breakdance-Unterricht und er ist der Pressesprecher der Familie: [...] Zwar hat die Härtefallkommission für ein Bleiberecht plädiert »aus humanitären Gründen« und wegen der »extremen Integration der Familie«, der Innensenat hat jedoch dagegen entschieden. Durch den aktuellen Krieg im Libanon ist die Abschiebung jetzt bis Februar aufgeschoben – bis dahin hat Hassan noch Zeit, die Verantwortlichen über die Medien zu überzeugen, dass er hier hingehört – nach Berlin, nach Neukölln, nicht in das Land, mit dem er nichts verbindet. Darum habe er sich Hass als Rapper-Namen ausgesucht: »Egal, wie intergriert ich bin, ich werde trotzdem abgeschoben: der Fall Hassan oder der Hass-an-fall.«

Das Neukölln-Drama *Knallhart* degradiert Schule entweder zu einem Nebenschauplatz über Dinge, die man in der Jugend lernen müsste, aber nicht lernt, oder zu einer Kulisse für Schlägereien und das Abzocken von Mitschülern/innen. Für Hassan bedeutet Schule eine Perspektive und seine einzige Chance, um nach der abgelaufenen Duldung bleiben zu dürfen, falls er einen Ausbildungsplatz hat. »Schule ist meine Zukunft, sonst kann ich Döner schneiden geh'n«, sagt er [...]

Ehrlichkeit zählt

Bektas legt Wert darauf, dass er aus dem Wedding kommt. Er ist 31 Jahre alt und mit einem Jahr aus der Türkei nach Berlin gekommen. Er fühlt sich als »Kanake« und verurteilt in seinen Raps die Klischeezuschreibungen, die um Menschen anderer Herkunftsländer gesponnen werden:

»Du triffst Kanaken, guckst auf den Boden,
ist das ein Zufall,
du hast keinen Respekt vor Kanaken,
nein, du hast Angst.«

Dieses knallharte Image ist bereits gierig kommerzialisiert worden von HipHoppern, die sich als brachiale Gangster gerieren und sich Kiez-Fame auf die Brust schreiben wollen [...] Ob in den Medien, im Kino oder im Gangster-Rap – ein Schreckensgespenst von in Gewalt versinkenden Gettos aus Parallelgesellschaften wird an die Wand gemalt – man riecht die brennende Banlieue [...]

M

Rappers-Guide.com, geschrieben von Beeto

Ginex: Russen in Deutschland 13.10.2008

Das Immigranten-Ding ist so alt wie Rap aus Deutschland. Jetzt bekommt es aber noch eine neue Note. Die Crew Ginex besteht aus russischstämmigen Rappern und versucht, mit zweisprachigem Rap in Deutschland eine Marke zu hinterlassen. Wir fragten mal nach …

[…] In dem Track »Russe oder Deutscher« fällt die Zeile: »In Deutschland bin ich Russe und da war ich ein Deutscher«. Fühlt ihr euch, um es mal krass auszudrücken, heimatlos? Wie wirkt sich das auf euer Leben aus? Hat es Vorteile oder nur Nachteile?

BenyKrik: Irgendwo triffst du genau den Punkt. Guck dir zum Beispiel meine Situation an: Meine Mutter ist Russin, mein Vater ein russisch-moldawischer Jude und geboren bin ich in Moldawien, das zu meiner Geburt zur Sowjetunion gehört hat. Jetzt wohne ich ohne deutsche Staatsangehörigkeit in Deutschland. Ziemlich kompliziert, was?? Also was bin ich nun????

SOM: Es gab solche Situationen, wo die Leute in Kasachstan gesagt haben: »Du Scheißdeutscher, fahr zurück nach Deutschland« usw. Und mehrmals habe ich das auch hier in Deutschland erlebt, dass die Leute gesagt haben, ich soll wieder nach Russland zurück. Und manchmal weißt du dann eben nicht, wo du hingehörst.

Samy Deluxe

Sag mir, wie es wär ____ 2001

Dieser Song geht raus an all die Bürger von Babylon.
Mit Angst vorm schwarzen Mann, doch auf dem Weg ins Solarium. Habt ihr euch jemals vorgestellt, wie es ist, wenn man morgens aufsteht, rausgeht und als einziger anders aussieht. Egal, was für Klamotten man trägt, ich hoff ihr versteht. Ihr werdet durchdrehen, wenn ihr ein paar Wochen so lebt.
Fernsehen anschaltet und nur schwarze Politiker seht, schwarze Bullen, die euch anstarren von früh bis spät, schwarze Verkäufer – egal in welchen Laden ihr geht. Schwarze Ärzte, schwarze Bankiers, ein schwarzer Planet.

Und jetzt versuch mal, an all die Fakten zu denken, an die ihr sonst nie denkt: Unsere Vorfahren wurden gekidnappt von ihrem Kontinent, auf dem Globus verteilt und überall missachtet, versklavt und verhaftet, gepeitscht und geschlachtet. Und ihr dachtet, es sei alles nur halb so schlimm und wir Schwarzen sind nur wütend, weil wir halt so sind. Was wär, wenn du es wärst?

REFRAIN
Sag mir, wie es wär, wenn du es wärst! Sag's mir.

Brothers Keepers → Seite 252

Dies geht nochmal raus an all die Bürger von Babylon. Mit Angst vorm schwarzen Mann, doch auf dem Weg ins Solarium. Habt ihr euch jemals überlegt, wie es ist, wenn man morgens aufsteht, rausgeht und als einziger anders aussieht? Wie es ist, wenn es heißt, dass deine Rasse primitiv ist. Wie es ist, wenn du den Hass erlebst, der so tief sitzt. Doch wie es ist, wenn du für ein Projekt wie Brothers Keepers, in dem du Leuten helfen willst, ständig nur Kritik kriegst. Wisst ihr, wie es ist? Nein, ihr wisst es nicht. Jeder will heut' anders sein, doch jeder ist es nicht. Ich hab hier von Geburt an den Rassismus mitgekriegt und diese kleine Story klingt vielleicht wie'n Witz für dich: Ich kannt' 'nen Typen namens Frank, ein waschechter Punk, mit Irokese, bunten Haaren, allem drum und dran. Der sagte, er hätte noch weniger Chancen als ich. Ich sagte, er hat seinen Look selbst gewählt, das konnte ich nicht. Das, wofür manche mich hassen, das hab ich von Natur aus. Ein anderer sagte mal, er kennt Rassismus aus dem Urlaub. Doch auch das ist lange nichts, was man mit dem vergleichen kann, was es heißt, als Schwarzer zu leben, hier in 'nem weißen Land.

REFRAIN

Sag mir, wie es wär, wenn du es wärst! Sag's mir.

Ihr wisst, ich hörte schon im Kindergarten Weiße zu mir »Nigger« sagen. Jetzt, nach all den Jahren, wird es Zeit, den Scheiß zu hinterfragen. Denn wenn ich mich aufregte, war für sie die Sache klar: »Du bist doch kein echter Nigger, Sam, du hast doch glattes Haar!« Aha, die Farbe reichte aus, um mich zu beschimpfen. Doch sie wunderten sich, dass es mich traf und es traf mich am schlimmsten. Viele hier verstehen dies Gefühl nicht im Geringsten, doch ich will, dass es alle kapier'n, sogar die Dümmsten. Wie oft warst denn du der einzig Weiße im Raum voller Schwarzer? Noch niemals, das bezweifle ich kaum. Und wie oft bist du kreuz und quer durchs Land gefahr'n und egal wo du hinkamst, fingen sie an, dich anzustarr'n. Ich will Nazis vernichten, nicht durch Exekution, ich will sie nach Afrika schicken, denn dort checken sie's schon, was es wirklich heißt, ein echter Außenseiter zu sein. Denn uns von hier aus zu raffen, ist ihr Hirn scheinbar zu klein. Was wär, wenn du es wärst?

REFRAIN

Sag mir, wie es wär, wenn du es wärst! Sag's mir.

Hey Leute, ich möchte euch was fragen. Fragen, was ihr gegen eure Mitmenschen habt? Könnten wir ein' Tag Plätze tauschen, dann würdest du verstehen, was ich sag.

M

Sag mir, wie es wär, wenn du es wärst! Sag’s mir.
Was würdest du denn tun, wenn du es wärst?
Sag mir, wie es wär’, wenn du es wärst! Sag’s mir.
Was würdest du tun, jeden Tag? Jede Nacht?

Arbeitsanregungen

M

1. Kläre alle dir unbekannten Wörter und Sachverhalte (S. 185 ff.). Du kannst im Lexikon nachschlagen, im Internet recherchieren, Experten befragen oder Zeitung lesen.

2. Informiere dich über die Geschichte des Hip-Hop.

3. Lies die Texte (S. 185 ff., 189 ff., 192 ff.) noch einmal und mache dir Notizen zu folgenden Fragen: Was sagen die Rapper über ihr Leben in den jeweiligen Ländern? Wie integriert fühlen sie sich? Welche Rolle spielt die Musik dabei?

4. Stellt euch gegenseitig Rapper vor und sprecht darüber, wie sich deren Lebensgefühl in den Titeln widerspiegelt.

5. Stelle dir vor, in einem Internet-Forum wird darüber diskutiert, Raptexte zu zensieren. Simuliert ein solches Forum, indem ihr untereinander Kommentare austauscht. Ihr könnt aber auch einen eigenen Blog gründen, der sich mit der Rapper-Szene und dem Problem der Gewalt in den Texten auseinandersetzt.

6. Notiere in Stichpunkten, was Hassan über Respekt und Vorurteile sagt (S. 189 ff.).

7. Doria muss im Fach Bürgerkunde einen Aufsatz über den Begriff »Respekt« schreiben (S. 20). Schreibe einen solchen Aufsatz aus Dorias Sicht.

M

Träume und Geschlechterrollen

Träume sind Schäume?

»Ansonsten bekomme ich immer wieder dieselben Beurteilungen: ›wirkt abwesend‹ oder ›scheint in Gedanken woanders‹ oder, was schlimmer ist, herzzerreißende Appelle wie ›Kommen Sie zurück auf die Erde!‹« (S. 33 f.)

Ulf Salzmann

El Egoiste – Glück 2008

Zitate

M

Wer im Dunkeln sitzt, zündet sich einen Traum an.
(Nelly Sachs, Schriftstellerin)

[D]ie schönsten Träume von der Freiheit werden ja im Kerker geträumt. *(Friedrich Schiller, Schriftsteller)*

Könnten alle Menschen ihre Träume verwirklichen, die Wirklichkeit wäre ein einziger Albtraum.
(Ernst Ferstl, Schriftsteller)

Unsere Träume können wir erst dann verwirklichen, wenn wir uns entschließen, einmal daraus zu erwachen.
(Josephine Baker, Tänzerin)

Denken ist die Arbeit des Intellekts, Träumen sein Vergnügen. *(Victor Hugo, Schriftsteller)*

Nenne dich nicht arm, weil deine Träume nicht in Erfüllung gegangen sind; wirklich arm ist nur, wer nie geträumt hat. *(Marie von Ebner-Eschenbach, Schriftstellerin)*

Yes, I am a dreamer. For a dreamer is one who can only find his way by moonlight, and his punishment is that he sees the dawn before the rest of the world.
(Oscar Wilde, Schriftsteller)

g26.ch – Plattform für Kunst, Kultur und Gesellschaft

Kronprinz Moulay El Hassan von Marokko* — 2003

*Text nach Schweizer Rechtschreibung

Der Kronprinz wurde am 08. Mai 2003 geboren und nach seinem Grossvater benannt, seine Majestät König Hassan II, der im Juli 1999 verstarb.

Die Neuigkeit über die Geburt des Kronprinzen wurde traditionell mit 101 Artillerieschüssen in die Luft bekannt gegeben. Anschliessend fanden grosse Feierlichkeiten im ganzen Land statt, um dieses erfreuliche Ereignis zu feiern.

Hunderte von Menschen versammelten sich vor Mechouar Essaid, wo der Palast des Königs sich befindet, um König Mohammed VI zur Geburt des Kronprinzen zu gratulieren.

Zu diesem Anlass stand auch ein goldenes Buch im Königlichen Palast sowie in den verschiedenen Provinzen Marokkos und

Zeitungsmeldung über die Geburt des Kronprinzen

den Konsulaten zur Verfügung, das den Leuten erlaubte, ihre Glückwünsche zur Geburt des neugeborenen Kronprinzen aufzuschreiben.

Ausserdem hat König Mohammed für 47988 Gefängnisinsassen Gnade für ihre gesamte oder einen Teil der Gefängnisstrafe erlassen.

Die Geburt des Kronprinzen gilt in Marokko als historisches Ereignis.

Fest zur Geburt von Moulay El Hassan

M

Sineb El Masrar,
Gazelle – das multikulturelle Frauenmagazin

News: Marokko hat eine neue Prinzessin – Lalla Khadija

2007

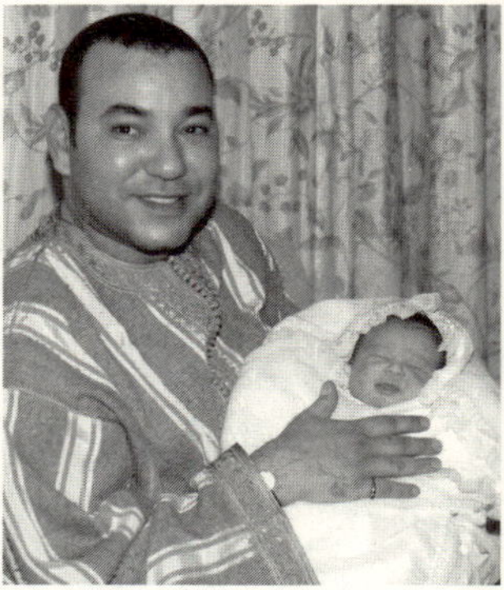

Am 28.02.2007 um 21 Uhr MEZ brachte Lalla Salma, Prinzessin von Marokko und Frau des marokkanischen Königs Mohammed VI, eine gesunde Tochter zur Welt. Mit 21 Kanonenschüssen wurde ihre Geburt gefeiert. Die kleine Prinzessin trägt den Namen Khadija und ist das zweite Kind der Königsfamilie. Moulay Hassan ist der erste Sohn und wurde im Mai 2003 geboren [...]

Arbeitsanregungen

M

1. Welchem der Zitate (S. 199) zum Thema »Träume« kannst du am ehesten zustimmen? Begründe.

2. Mache dich zu Dorias Anwältin und halte eine flammende Rede an ihre Lehrer zur Verteidigung ihrer Tagträumereien.

3. Vergleiche die Reaktionen in Marokko auf die Geburt des Prinzen mit denen auf die Geburt der Prinzessin (S. 200 ff.).

4. – »Mit einer Tochter ist alles viel einfacher!« (S. 59)
   – »Wenn ich mit einem Pimmel zur Welt gekommen wäre [...]« (S. 70)
   – »Aber als Junge wäre es vielleicht alles anders« (S. 114). Sammle die Aussagen Dorias darüber, was genau dann anders wäre.

5. Vergleiche die Erfahrungen, die Faïza Guène ihre Heldin machen lässt, mit ihrer eigenen Aussage, der Islam sei »die Religion, in der ich gelernt habe, dass Jungen und Mädchen gleich sind«.

6. Schreibe einen Paralleltext aus der Sicht eines 15-jährigen Jungen, der wie Doria nur mit der Mutter in der Banlieue aufwächst und darüber nachdenkt, wie sein Leben als Mädchen gewesen wäre. Du kannst so beginnen: »Als Mädchen wäre vielleicht alles anders. Meine Mutter hätte es bestimmt viel leichter, weil ...«

Fernsehen bildet?

Michael T. Weiss als Jarod in »Das Chamäleon«

Glücksrad

Perry Mason

Harrison Ford als Indiana Jones

Reich und schön

Antonio Banderas als Zorro

JIM-Studie – Jugend, Information, (Multi-)Media

2007 und 2008

Die JIM-Studie dokumentiert die Medienwelt und den Medienalltag 12- bis 19-Jähriger in Deutschland.

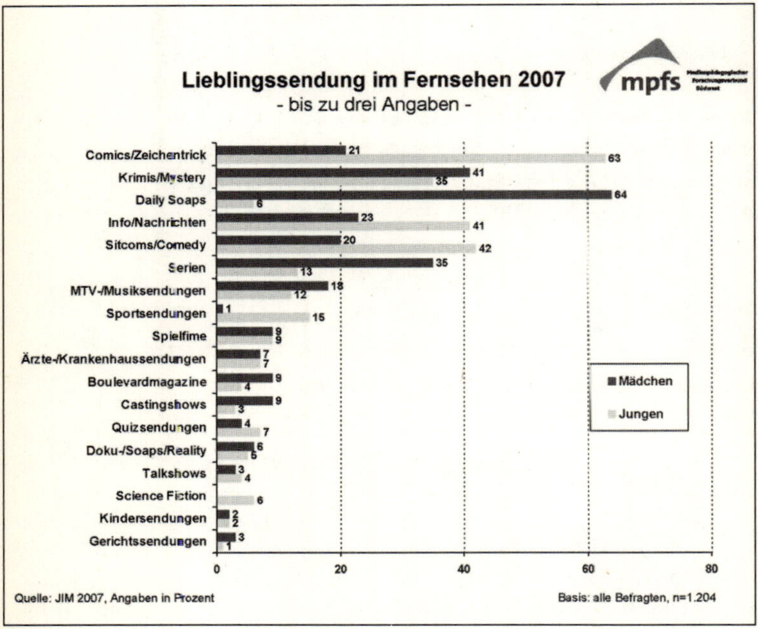

Lieblingssendungen — 2007

Gruppiert man die Einzelnennungen der Jugendlichen nach Genres, so liegen an erster Stelle Comics und Zeichentrickssendungen. Die beliebtesten Sendungen sind hierbei »Die Simpsons«, »Spongebob Schwammkopf« und »Southpark«. An zweiter Stelle finden sich Krimis/Mystery, die meisten Nennungen entfallen hier auf »C.S.I.«, »Grey's Anatomy«, »K11«, »Alarm für Cobra 11« und »Charmed«. Den dritten Platz nimmt die Kategorie »Daily Soaps« ein, die meistgenannten Sendungen sind hierbei »GZSZ«, »Alles was zählt«, »Verliebt in Berlin« und »Unter uns«. Bei den Nachrichten- und Informationsformaten werden am häufigsten die Sendung »Galileo«, öffentlich-rechtliche und private Nachrichtensendungen sowie Tierdokumentationen genannt. Bei den Sitcoms und Comedysendungen sind weiterhin die beliebtesten Sendungen »TV Total« und »King of Queens«. Die gefragtesten Serienformate 2007 sind »Desperate Housewives«, die »Gilmore Girls« und »O. C. California«.

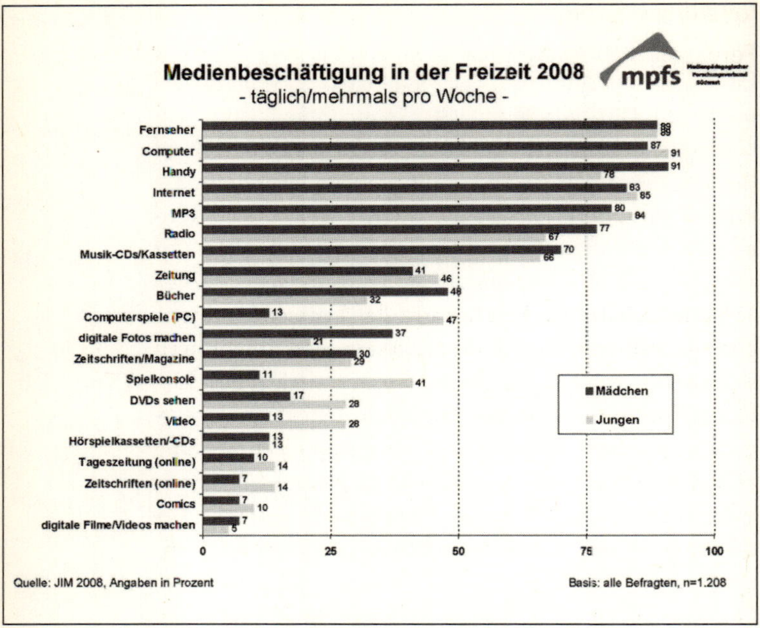

Aus der Zusammenfassung 2008

Die 12- bis 19-Jährigen können heute auf ein enormes Medienangebot zurückgreifen. Erstmals in der zehnjährigen Geschichte der JIM-Studie zeigt sich, dass Jugendliche eher einen Computer als einen Fernseher besitzen [...] Das Fernsehen nimmt weiterhin viel Raum im Leben der Jugendlichen ein, knapp zwei Drittel sehen täglich fern [...]

Jo Groebel

Fernsehen. 10 Antworten ________________ 2006

[...]

2. Wie viel Zeit verbringen Kinder jeden Tag mit dem Fernsehen?
In Deutschland liegt der durchschnittliche Fernsehkonsum aller drei- bis 13-jährigen Kinder bei rund 100 Minuten täglich. Allerdings schalten sich pro Tag nur etwa 60 % der Kinder zu. Häufig läuft der Fernseher nur nebenbei, während die Kinder etwas anderes tun. Eltern sollten aber versuchen, die Kinder zu einem gezielten Fernsehkonsum zu bringen: nicht ständig das Gerät anhaben, nur Sendungen schauen, die altersgerecht und auch wirklich interessant und wichtig sind.

3. Gibt es viele Kinder mit einem extrem hohen Fernsehkonsum?
Die sogenannten Vielseher verbringen mehr Zeit vor dem Bildschirm als mit irgendeiner anderen Tätigkeit (Schule, Spielen, Freunde). Rund fünf Prozent der Drei- bis Dreizehnjährigen haben den Fernseher täglich fünf Stunden und länger laufen. Dass man an einzelnen Tagen schon einmal mehr fernsieht, ist noch nicht problematisch. Probleme beginnen dann, wenn dies unreflektiert geschieht oder weil im Leben oder in der Familie der Kinder etwas nicht stimmt: Dann könnte der hohe Fernsehkonsum nämlich auf Flucht vor der Wirklichkeit hinweisen.
[...]

Wolfgang Stürzbecher

Fernsehen – eine Form von Gewalt? 1992

Eine der gefährlichsten Formen der Gewalt wird in der Öffentlichkeit so gut wie gar nicht wahrgenommen. Es ist die Gewalt, die sich viele der Jugendlichen in ihren eigenen vier Wänden selbst antun, indem sie sich passiv verhalten, sich überhaupt nicht mehr darüber äußern, was sie gerne täten, ihren Handlungsradius einengen, sich den ganzen Tag vor die Glotze setzen und sich irgendwelche Videos reinziehen. Sie sind vereinsamt und haben kaum Kontakt zu anderen, sie trauen sich nicht aus ihrem Viertel raus, sie haben keine Perspektiven und so etwas, wie sich Ziele zu setzen, kennen sie gar nicht. Sie bilden einen erschreckenden Kontrast zu den anderen, die durch spektakuläre Aktionen von sich reden machen, auffallen und so Anteilnahme und Hilfe ihrer Umgebung erzwingen. Wo kein Feuer brennt, kommt auch keine Feuerwehr. Und so kommen die Jugendlichen aus dem Masotrip nicht von selber raus und verkümmern regelrecht. Dies wäre gar nicht möglich, wenn sie nicht durch die Video- und Computer-Industrie unterstützt würden, die sich an ihnen eine goldene Nase verdient. Die tägliche geistig-seelische Dröhnung durch Horror-, Sex-, Porno- und Gewaltvideos, der viele schon als Kinder ausgesetzt werden, damit sie die Erwachsenen in Ruhe lassen, setzt sich im Jugendalter fort, und wenn die Kids Pech haben, wohl ihr Leben lang.

Hamburger Abendblatt
abendblatt.de

Gericht entschied

Hartz IV? Dann keine TV-Gebühren

Berlin – Hartz-IV-Empfänger brauchen nach einer Entscheidung des Berliner Verwaltungsgerichts keine Rundfunkgebühren zu zahlen, auch wenn sie einen Zuschlag zum ALG II bekommen (VG 27 A 25.07 und VG 27 A 126.06).

dpa, 29. März 2007

M

Arbeitsanregungen

1. »Ich mag lieber Helden, wie in den Filmen, Männer, von denen alle Mädchen träumen …« (S. 34) – Welche Filmhelden spielen für Doria welche Rolle? Sammle Beispiele.

2. Wie wichtig ist das Fernsehen in deinem Leben? Vergleiche mit den Ergebnissen der JIM-Studien (S. 206 ff.).

3. Welche Serien, die Doria sieht, kennst du? Welche deutschen Serien würde Doria vielleicht gern sehen? Wähle einige aus und begründe deine Wahl.

4. Erkundige dich, wie hoch die Rundfunk- und Fernsehgebühren in Deutschland sind. Aus welchen Gründen zahlt der deutsche Staat wohl Arbeitslosengeldempfängern die Gebühren für Rundfunk und Fernsehen?

5. Diskutiert Guènes Haltung dem Fernsehen gegenüber. Nehmt die Romanpassage S. 101 und den Artikel auf S. 129 ff. zu Hilfe.

6. Nenne die Hauptthese des Textauszuges von Stürzbecher (S. 210) in einem Satz.

7. Schreibe einen Brief an Wolfgang Stürzbecher, in dem du dich mit seiner Aussage, mediale Freizeitaktivitäten seien mit die gefährlichsten Formen von Gewalt, auseinandersetzt.

J. D. Salinger

Fänger im Roggen ______ 1951

Wenn ihr das wirklich hören wollt, dann wollt ihr wahrscheinlich als Erstes wissen, wo ich geboren bin und wie meine miese Kindheit war und was meine Eltern getan haben und so, bevor sie mich kriegten, und den ganzen David-Copperfield-Mist, aber eigentlich ist mir gar nicht danach, wenn ihr's genau wissen wollt. Erstens langweilt mich der Kram, und zweitens hätten meine Eltern dann jeweils ungefähr zwei Blutstürze, wenn ich was ziemlich Persönliches über sie erzählen würde. Bei solchen Sachen sind sie ganz schön empfindlich, besonders mein Vater. Sie sind schon *nett* und so – da sag ich ja gar nichts – aber sie sind eben ungeheuer empfindlich. Außerdem erzähl ich euch auch nicht meine ganze verfluchte Autobiografie oder so was. Ich erzähl euch bloß von diesem Irrsinnskram, der mir so um letztes Weihnachten passiert ist, bevor es mit mir ziemlich bergab ging und ich hierher kam und es ruhiger angehen lassen musste […]

David Copperfield **berühmter Roman von Charles Dickens (1812–1870)**

Ich möchte mit dem Tag anfangen, an dem ich von der Pencey Prep weg bin. Die Pencey Prep ist so eine Schule in Agerstown, Pennsylvania. Wahrscheinlich habt ihr davon gehört. Wenigstens die Anzeigen habt ihr wahrscheinlich gesehen. Die werben in ungefähr tausend Zeitschriften, mit einem Spitzentypen auf einem Pferd, wie er gerade über einen Zaun springt. Als würde man an der Pencey bloß immerzu Polo spielen. Ich hab in der ganzen Zeit dort kein einziges Pferd auch nur von weitem gesehen. Und unter dem Bild von dem Typen auf dem Pferd steht dann immer: »Seit 1888 formen wir Jungen zu tüchtigen, klar denkenden jungen Männern.« Das kann glauben, wer will. An der Pencey *formen* sie verdammt nicht anders als an jeder anderen Schule. Und mir ist dort keiner begegnet, der tüchtig war und klar denken konnte und so. Vielleicht zwei. Wenn überhaupt. Und wahrscheinlich waren die schon so, als sie an die Pencey *kamen.*

Benjamin Lebert

Crazy ________________ 1999

Hier soll ich also bleiben. Wenn möglich bis zum Abitur. Das ist der Vorsatz. Ich stehe auf dem Parkplatz des Internats Schloss Neuseelen und schaue mich um. Meine Eltern stehen neben mir. Sie haben mich hierhergebracht. Vier Schulen habe ich nun hinter mir. Und diese hier soll meine fünfte werden. Diese fünfte soll es dann endlich schaffen, aus meinem verfluchten Mathematik-Sechser einen Fünfer zu machen. Ich freue mich schon darauf.

Schon im Voraus haben sie Briefe und Ermutigungen geschickt. Allesamt nach dem Motto: *Lieber Benjamin, komm nur zu uns, da wird es schon besser, viele vor dir haben es auch geschafft.* Natürlich haben sie das. Es sind immer genug Schüler da, als dass es nicht der ein oder andere doch schaffen würde. Das kenne ich schon. Bei mir ist es ein bisschen anders. Ich bin sechzehn Jahre alt und wiederhole gerade die achte Klasse. Und so wie es aussieht, schaffe ich es schon wieder nicht. Meine Eltern sind beide angesehene Leute. Heilpraktikerin und Diplomingenieur. Die können es sich nicht leisten, eine Feier zum qualifizierten Hauptschulabschluss zu geben. Das muss mehr sein. Nun gut. Deswegen bin ich also hier.

David Almond

Feuerschlucker ________ 2003

Eine lange Backsteinfront mit hohen glänzenden Fenstern. Über dem Haupteingang hing ein großes goldenes Kruzifix. Ein halbes Dutzend Stufen führten hinauf. Wir aus der ersten Klasse mussten unten an der Treppe warten, als es geläutet hatte. Die anderen strömten hinein. Eine Gruppe Lehrer stand auf den Stufen über uns.

»Ihr werdet namentlich aufgerufen«, sagte einer. »Wer seinen Namen hört, tritt vor. Sobald eure Klasse zusammengestellt ist, werdet ihr von eurem Lehrer hineinbegleitet.«

Er trug Anzug und Krawatte und über dem Anzug einen schwarzen Kittel. Der Kittel war vorne offen. Aus seiner Brusttasche kringelte sich ein schwarzer Lederriemen.

»Ich bin Mr Todd«, sagte er. »Eure Lehrer werden sich vorstellen, wenn sie bei euch in den Klassenzimmern sind.« Er machte eine Pause. »Wir erwarten einen geordneten Ablauf.«

Er trat näher auf uns zu.

»Ich möchte gerade Reihen sehen«, sagte er. »Schnurgerade Reihen!«

Unsere Reihen schlängelten sich krumm und schief über den grauen Betonplatz.

Er seufzte.

Eleven-Plus
→ Seite 252

»So«, sagte er.« »Ihr seid also diejenigen, die die Eleven-Plus bestanden haben. Ihr seid die Elite.« Sein Gesicht wurde hart. »Glaubt das bloß nicht! Ihr mögt bewiesen haben, dass ihr so etwas wie ein Hirn habt. Aber ihr habt noch nicht bewiesen, dass ihr geeignet seid, hier bei uns zu sein. Ihr habt noch nicht bewiesen, dass ihr Charakter und Rückgrat besitzt. Ihr seid nur halb zivilisiert. Ihr seid Wildwuchs. Und ihr müsst lernen, euch einzufügen.«

Ich drehte den Kopf und sah mich nach Ailsa um, aber sie war nirgendwo.

»Wie heißt du?«

Er stand neben mir. Er hielt den Riemen in den Händen.

»Wie heißt du?«, sagte er noch einmal.

»R-Robert Burns.«

»Robert Burns – und weiter?«

»Robert Burns, Sir.«

»Streck die Hand aus, Robert Burns.«

Ich blinzelte.

»Streck die Hand aus!«

Ich streckte die Hand aus. Er hob den Riemen bis in Schulterhöhe und ließ ihn auf meine Handfläche sausen.

»Andere Hand«, sagte er. »Andere Hand!«

Ich streckte die andere Hand aus. Er schlug mich noch einmal. Ich ballte meine schmerzenden Hände. Tränen brannten mir in den Augen.

»Du wirst aufmerksam sein, wenn ein Lehrer spricht«, sagte er. »Hast du verstanden?«

Ich konnte nicht antworten. Er spannte den Riemen.

»Hast du verstanden?«

»Ja.«

»Ja – und weiter?«

»Ja, Sir.«

»Ja, Sir. Ich habe dich im Auge, Robert Burns. Ich kenne dich jetzt.«

Er ging weiter. Um mich herum hörte ich die anderen hörbar einatmen. Ich hielt die Augen starr nach vorn gerichtet. Die anderen Lehrer blickten mit ausdruckslosen Gesichtern von der Treppe auf uns herab.

M

John Green

Eine wie Alaska ________ 2005

Einhundertsechsunddreißig Tage vorher Eine Woche, bevor ich Florida verließ, um den Rest meiner Jugend in einem Internat in Alabama zu verbringen, ließ sich meine Mutter nicht davon abbringen, eine Abschiedsparty für mich zu geben. Von gedämpften Erwartungen meinerseits zu sprechen, wäre heillos übertrieben. Zwar hatten sie mich mehr oder weniger gezwungen, alle meine »Schulfreunde« einzuladen, also den traurigen Haufen von Theatergruppenleuten und Englischstrebern, mit denen ich notgedrungen in der muffigen Highschool-Cafeteria am Tisch saß, doch ich wusste, dass keiner von ihnen kommen würde. Meine Mutter aber ließ nicht locker, so sehr klammerte sie sich an die Wunschvorstellung, ich hätte meine wahre Beliebtheit all die Jahre vor ihr geheim gehalten. Sie machte eine Riesenschüssel Artischocken-Dip, schmückte das Wohnzimmer mit grünen und gelben Girlanden, den Farben meiner neuen Schule, und kaufte zwei Dutzend Tischbomben, die sie auf dem Couchtisch arrangierte.

Und als jener letzte Freitag kam und ich fast mit Packen fertig war, saß sie ab 16.56 Uhr mit Dad und mir auf der Wohnzimmercouch, um den Ansturm des Abschiedskomitees zu erwarten. Das Komitee bestand aus zwei Personen: Marie Larson, einer schmächtigen Blondine mit rechteckiger Brille, und ihrem (nett gesagt) kräftigen Freund Will.

»Hallo, Miles«, sagte Marie und setzte sich.

»Hallo«, sagte ich.

»Wie waren die Sommerferien?«, fragte Will.

»Ganz okay. Und bei euch?«, sagte ich.

»Toll. Wir haben bei *Jesus Christ Superstar* gejobbt. Ich hab Bühnenbild gemacht. Marie Beleuchtung.«

»Cool.« Ich nickte wissend, und damit waren unsere gemeinsamen Themen abgehakt. Ich hätte mir wohl eine Frage zu *Jesus Christ Superstar* ausdenken können, aber erstens hatte ich keine Ahnung, worum es ging, weil es mich, zweitens, nicht interessierte, und drittens war ich noch nie gut in Smalltalk gewesen. Im Gegensatz zu meiner Mutter, die stundenlang über nichts reden kann. Sie schaffte es, die peinliche Angelegenheit unnötig in die Länge zu ziehen, indem sie sich nach Maries und Wills Probenplan erkundigte, nach dem Ablauf der Show und ob sie ein Erfolg gewesen sei.

»Schätze schon«, sagte Marie. »War ganz schön voll, schätze ich.« Marie gehörte zu den Leuten, die ständig schätzten.

Schließlich sagte Will: »Also, wir wollten nur schnell Tschüss sagen. Ich muss Marie bis sechs nach Hause bringen. Viel Spaß im Internat, Miles.«

»Danke«, antwortete ich erleichtert.

Das Einzige, was schlimmer ist als eine Party, zu der keiner kommt, ist eine Party, zu der keiner kommt außer zwei durch und durch uninteressanten Menschen.

Als sie weg waren, saß ich mit meinen Eltern auf der Couch und starrte auf den schwarzen Fernsehbildschirm.

Robert Walser

Jakob von Gunten ______ 1909

Man lernt hier sehr wenig, es fehlt an Lehrkräften, und wir Knaben vom Institut Benjamenta werden es zu nichts bringen, das heißt, wir werden alle etwas sehr Kleines und Untergeordnetes im späteren Leben sein. Der Unterricht, den wir genießen, besteht hauptsächlich darin, uns Geduld und Gehorsam einzuprägen, zwei Eigenschaften, die wenig oder gar keinen Erfolg versprechen. Innere Erfolge, ja. Doch was hat man von solchen? Geben einem innere Errungenschaften zu essen? Ich möchte gern reich sein, in Droschken fahren und Gelder verschwenden. Ich habe mit Kraus, meinem Schulkameraden, darüber gesprochen, doch er hat nur verächtlich die Achsel gezuckt und mich nicht eines einzigen Wortes gewürdigt. Kraus besitzt Grundsätze, er sitzt fest im Sattel, er reitet auf der Zufriedenheit, und das ist ein Gaul, den Personen, die galoppieren wollen, nicht besteigen mögen. Seit ich hier im Institut Benjamenta bin, habe ich es bereits fertiggebracht, mir zum Rätsel zu werden. Auch mich hat eine ganz merkwürdige, vorher nie gekannte Zufriedenheit angesteckt. Ich gehorche leidlich gut, nicht so gut wie Kraus, der es meisterlich versteht, den Befehlen Hals über Kopf dienstfertig entgegenzustürzen. In einem Punkt gleichen wir Schüler, Kraus, Schacht, Schiinski, Fuchs, der lange Peter, ich usw., uns alle, nämlich in der vollkommenen Armut und

Abhängigkeit. Klein sind wir, klein bis hinunter zur Nichtswürdigkeit. Wer eine Mark Taschengeld hat, wird als ein bevorzugter Prinz angesehen. Wer, wie ich, Zigaretten raucht, der erregt ob der Verschwendung, die er treibt, Besorgnis. Wir tragen Uniformen. Nun, dieses Uniformtragen erniedrigt und erhebt uns gleichzeitig. Wir sehen wie unfreie Leute aus, und das ist möglicherweise eine Schmach, aber wir sehen auch hübsch darin aus, und das entfernt uns von der tiefen Schande derjenigen Menschen, die in höchsteigenen, aber zerrissenen und schmutzigen Kleidern dahergehen. Mir zum Beispiel ist das Tragen der Uniform sehr angenehm, weil ich nie recht wusste, was ich anziehen sollte. Aber auch in dieser Beziehung bin ich mir vorläufig noch ein Rätsel. Vielleicht steckt ein ganz, ganz gemeiner Mensch in mir. Vielleicht aber besitze ich aristokratische Adern. Ich weiß es nicht. Aber das eine weiß ich bestimmt: Ich werde eine reizende, kugelrunde Null im späteren Leben sein. Ich werde als alter Mann junge, selbstbewusste, schlecht erzogene Grobiane bedienen müssen, oder ich werde betteln, oder ich werde zugrunde gehen.

Robert Musil

Die Verwirrungen des Zöglings Törleß — 1906

Frau Hofrat Törleß, dies war die Dame von vielleicht vierzig Jahren, verbarg hinter ihrem dichten Schleier traurige, vom Weinen ein wenig gerötete Augen. Es galt Abschied zu nehmen. Und es fiel ihr schwer, ihr einziges Kind nun wieder auf so lange Zeit unter fremden Leuten lassen zu müssen, ohne Möglichkeit, selbst schützend über ihren Liebling zu wachen.

Denn die kleine Stadt lag weitab von der Residenz, im Osten des Reiches, in spärlich besiedeltem, trockenem Ackerland.

Der Grund, dessentwegen Frau Törleß es dulden musste, ihren Jungen in so ferner, unwirtlicher Fremde zu wissen, war, dass sich in dieser Stadt ein berühmtes Konvikt befand, welches man schon seit dem vorigen Jahrhunderte, wo es auf dem Boden einer frommen Stiftung errichtet worden war, da draußen beließ, wohl um die aufwachsende Jugend vor den verderblichen Einflüssen einer Großstadt zu bewahren.

Konvikt **Schule oder Internat**

Denn hier erhielten die Söhne der besten Familien des Landes ihre Ausbildung, um nach Verlassen des Institutes die Hochschule zu beziehen oder in den Militär- oder Staatsdienst einzutreten, und in allen diesen Fällen sowie für den Verkehr in den Kreisen der guten Gesellschaft galt es als besondere Empfehlung, im Konvikte zu W. aufgewachsen zu sein.

Vor vier Jahren hatte dies das Elternpaar Törleß bewogen, dem ehrgeizigen Drängen seines Knaben nachzugeben und seine Aufnahme in das Institut zu erwirken.

M

Arbeitsanregungen

1. Lies die Texte (S. 213 ff.). Welcher Auszug regt dich zum Weiterlesen an? Begründe.

2. Trage in einer Tabelle folgende Informationen aus den Texten zusammen: das soziale Umfeld, Schauplatz der Handlung, die Protagonisten, offene Fragen.

3. Vergleiche die Romanauszüge und den Anfang von *Paradiesische Aussichten* unter folgenden Aspekten: Erzähler, Haltung des Erzählers zum Erzählten und sprachliche Gestaltung/Stil.

4. Stelle dir vor, die literarische Welt gerät durcheinander: Jakob von Gunten gelangt versehentlich in die Welt von Holden Caulfield, der Hauptfigur des *Fänger im Roggen*, der »Zögling Törleß« nach Schloss Neuseelen, Benjamin findet sich in der Banlieue wieder, Miles wird gerade von Mr Todd aufgerufen oder steht mit Frau Hofrat Törleß am Bahnhof, zur Abreise ins Konvikt bereit, und Doria oder Holden Caulfield sind in Miles' Abschiedsparty geraten.
   - Entscheidet euch in einer Gruppe, wer welche Rolle übernimmt, und schreibt einen Text aus der Perspektive der Figur: Wie erlebt die Figur mit ihrem unveränderten Hintergrund das neue Umfeld?
   - Besprecht eure Texte in der Gruppe. Tauscht euch über die Schwierigkeiten beim Schreiben und deren mögliche Ursachen aus.

Wirkung und Rezeption

M

Rezensionen

Stimmen zum Roman 2004–2007

Faïza Guène, 19 ans, étudiante en sociologie, est un petit phénomène éditorial […]

Gilles Médioni, L'Express

Paradiesische Aussichten ist eine intelligente, humorvolle und sehr unterhaltsame Erzählung mit Tiefgang, einem kleinen Schuss Kitsch und einem guten Teil Philantropie.

Thomas Mayerhofer, Les(e)bar

Philantropie **Menschenliebe**

Witzig, frech und anrührend zugleich: In ihrem Erstlingswerk beweist die junge Französin Faïza Guène, dass das Leben in der Pariser Banlieue nicht immer leicht ist. Aber auch nicht immer ausweglos. Ein Jugendroman, der vor allem durch seinen frischen Erzählton besticht und seine durch und durch sympathische Heldin.

Maya Geis, Arte

Touching, furious, sharp, and very funny … honest about the oppression of women and about the prejudice, both ways, Guène also shows those who break free.

Hazel Rochman, BookBrowse

Moving and irreverent, sad and funny, full of rage and intelligence. Guène's characters are unforgettable, her voice fresh, and her book a delight.

Laila Lalami (author of »Hope and Other Dangerous Pursuits«), BookBrowse

A tale for anyone who has ever lived outside looking in, especially from that alien country called adolescence. A funny, heartfelt story from a wise guy who happens to be a girl. If you've ever fallen in love, if you've ever had your heart broken, this story is your story.

Sandra Cisneros (author of The House on Mango Street), BookBrowse

9 von 10 Kunden fanden die folgende Rezension hilfreich:

★★★★★ **Aktuelles Thema einfach und sehr eindringlich erzählt,** 14. April 2007

Von tanjuscha »tanjuscha« – Alle meine Rezensionen ansehen

Obwohl das Buch nur 131 hat berührt es einen sehr. Vorallem ist das Thema nach den Aufständen in den Pariser Brennpunkten sehr aktuell [...] Wirklich lesenswert.

Amazon-Kommentar (Vorsicht: Fehler!)

M

Deutsche Welle

Buchtipp: Faïza Guène: »Paradiesische Aussichten« 1.6.2006

Seit den Krawallen vom Herbst 2005 kennt jeder die »Banlieues«. In ihrem Debüt-Roman gibt die Autorin Einblick in das Pariser Vorstadt-Leben – und kommt dabei ohne Klischees aus.

»Ich habe nicht bewusst ein anderes Bild von der Vorstadt gezeichnet. Ich beschreibe nur den Alltag einer Jugendlichen aus meiner Sicht«, sagt die junge Autorin, Tochter algerischer Einwanderer. Die 20-jährige Faïza Guène, die selbst aus einem so genannten Problemviertel kommt, lässt ein junges Mädchen aus der Banlieue selber sprechen: Doria ist 15 Jahre alt, ihre Eltern stammen aus Marokko. Der Vater hat sich aus dem Staub gemacht, die Mutter, die nicht lesen und nicht schreiben kann, muss sich und ihre Tochter als Zimmermädchen nun allein durchschlagen.

Für Doria, die in der »Cité du Paradis« lebt, ist das Leben alles andere als paradiesisch. Alles nervt – die Sitzungen bei der Schulpsychologin, die Hausbesuche der Sozialarbeiterin, die Schule, in der Doria größte Probleme hat, die Freundinnen, die in schicken Klamotten rumlaufen, die Doria sich nicht leisten kann, Nabil, der ihr Nachhilfeunterricht geben soll. Einziger Lichtblick ist der ältere Hamoudi, mit dem Doria immer reden kann. Und ausgerechnet der verliebt sich in Lila, Dorias erwachsener Freundin, deren kleine Tochter sie hütet. Die 15-Jährige fühlt sich von allen verraten […]

Aber schließlich stellt sich heraus, dass das Leben doch nicht so schrecklich ist. Ursache ist ausgerechnet Nabil: Er stiehlt Doria einen Kuss – und das findet sie gar nicht schlimm. Und auch anderes fügt sich: Die Mutter lernt Lesen und Schreiben, findet einen neuen Job und eine neue Freundin, Doria beginnt auf Ratschlag der Sozialarbeiterin mit einer Friseur-Ausbildung und hat plötzlich eine Zukunft.

Faïza Guènes Roman ist ein ganz wichtiges Buch: Es gibt einen Einblick, wie einige Jugendliche in der Banlieue leben und wie sie ›ticken‹. Die Autorin lässt ihre Heldin Doria sprechen, wie ›ihr der Schnabel wächst‹ – unmittelbar, distanzlos, spontan. Herausgekommen ist ein erfrischendes und schnoddriges Buch über eine Welt, die den meisten in dieser Form unbekannt ist. In Frankreich wurde die junge Schriftstellerin deshalb auch schon als »Françoise Sagan der Vorstädte« tituliert. Zugleich sollte Dorias kleines Happy End nicht darüber hinwegtäuschen, dass die Probleme in den Banlieues der französischen Großstädte meist nicht so leicht zu lösen sind.

Françoise Sagan
→ Seite 252

Gerhardt Koepke

Paradiesische Aussichten? Das Romandebüt von Faïza Guène 2007

Ich mache es kurz: Faïza Guènes Erstlingswerk taugt nicht viel.

Ja, zugegeben, es gibt einige nette Begleiterscheinungen: So wird dem Leser (vorzugsweise im Alter zwischen 13–16 Jahren) ein dankbarer Schreibstil geboten. Da liest man Wörter wie »Oberarschloch«, »Schwuchtel«, »beschissen« oder »Schlampe« und kann sich sicher sein, dass die Leserzielgruppe dabei schmunzelt und bei der Stange bleibt. Man könnte der Autorin aufgrund ihres Schreibstils auch noch ein gewisses Maß an Authentizität bescheinigen. Man beachte ja, wo das Ganze spielt: in einer Pariser Banlieue. Und hier liegt der zweite (und auch schon letzte) Pluspunkt von *Paradiesische Aussichten*: Der Leser wird mit den Problemen dieses sozialen Brennpunktes bekannt gemacht. Mehr aber auch nicht. Man erhält eine »Einführung« in die dortigen, schwierigen Lebensverhältnisse – seien es Analphabetismus, schlechte Arbeits- und Wohnverhältnisse, Drogendealerei oder brutale patriarchale Strukturen. Aber wie wird uns davon erzählt? Man wird als Leser zunehmend in rosa Watte gehüllt: Alles ist irgendwie total schlimm und so, aber am Ende wird alles gut. Der Drogendealer, der sowieso total nett ist und nichts dafür kann (Verharmlosung – gefährlich!), hat am Ende einen ehrlichen Job und heiratet sogar. Fatal ist auch die Darstellung der jungen Samara, die brutal von Bruder und Vater »gehalten«, aber glücklicherweise von einem »Ritter in güldener

Rüstung« gerettet wird. Mit diesem universalen Happy End tut die Autorin sich selbst und ihrer Leserschaft keinen Gefallen: Heranwachsenden jungen Menschen braucht man keine heile Welt vorzugaukeln, wo keine ist. Ein Leser dieses Alters hat ein Recht darauf, die raue Realität mit voller Wucht präsentiert zu bekommen.

Also: Ganz nett geschrieben, aber alles andere ist sogar mit Vorsicht zu genießen.

Arbeitsanregungen

1. Übertrage die fremdsprachigen »Stimmen zum Roman« (S. 225 f.) ins Deutsche.

2. Gliedere die Rezension der Deutschen Welle (S. 227 f.) in Abschnitte und finde Teilüberschriften.

3. Überprüfe die sprachliche Gestaltung dieses Textes.

4. Fasse zusammen, welches Urteil in dieser Rezension über den Roman gefällt wird.

5. Erkläre Koepkes Warnung, der Roman sei »mit Vorsicht zu genießen« (S. 229 f.).

6. Kommentiert die unterschiedlichen Urteile über den Roman (S. 225 ff.).

7. Schreibe einen Kommentar für eine Online-Buchhandlung, die der Leserin/dem Leser das Buch vorstellt und eine Leseempfehlung abgibt.

8. Das Buch war 2007 für den Deutschen Jugendliteraturpreis nominiert. Stelle dir vor, du wärst Teil der Jury und müsstest deine Bewertung abgeben.
   - Überlege dir, ob du für oder gegen die Preisvergabe an Faïza Guène plädierst.
   - Verfasse eine Stellungnahme, in der du deine Empfehlung abgibst.

Buchumschläge im internationalen Vergleich

KIFFE KIFFE
imorgon
ROMAN
FAÏZA
GUÈNE
NORSTEDTS

„BRIDGET JONES ARABSKICH PRZEDMIEŚĆ PARYŻA"
Faïza Guène
Pokochać
jutro
VIDEOGRAF II

INTERNATIONAL BESTSELLER
KIFFE KIFFE
TOMORROW
a novel
FAÏZA GUÈNE

JUST LIKE
TOMORROW
Faïza Guène
How Can LIFE
BE so Bad when
you're Living in
PARADISE?

M

Aventure | Policier | Cœur et copines

Histoires de vies
Collège

Kiffe kiffe demain

Faïza Guène

Doria, quinze ans, jeune Française d'origine marocaine, vit seule avec sa mère dans une cité de la banlieue parisienne. Dans son **journal**, elle raconte son quotidien, celui de son quartier, et dresse le portrait à la fois tendre, drôle et caustique de ceux qui l'entourent : **sa mère**, femme de ménage dans un hôtel, Hamoudi, **son ami** d'enfance, la psychologue, Mme Burlaud, Nabil le nul, Aziz l'épicier ou encore sa fausse tante Zohra.

32.1194.3
5€
9 782013 211949
Illustration de couverture : Sofia Dias

Doria är 15 år och bor i en förort utanför Paris med det missvisande namnet Paradiset. Hennes mamma, som är analfabet, städar på ett lågbudgethotell, och pappan har flyttat tillbaka till Marocko och gift om sig med en yngre kvinna. Men det kunde ha varit värre: Doria kunde ha varit Samra, flickan några våningar upp som hålls instängd av sin far och sina bröder, eller Youssef, som åkt dit för langning.

I KIFFE KIFFE IMORGON berättar Doria om hur det är att alltid ha ont om pengar, vara tvungen att bära begagnade kläder och bli retad för det, om socialtanterna som vill väl men som bara känns nedlåtande, om hur det är att vara ung muslimsk kvinna i Frankrike idag. Doria flyr in i fantasier hämtade från tv-såpornas och damtidningarnas värld. Drömmarna lever hand i hand med en förortsverklighet som är långt mer extrem än den vi känner till i Sverige.

FAÏZA GUÈNE har gett Doria en egen och självklar röst. Hon är rolig, dråplig och till en början cyniskt uppgiven. Sakta men säkert börjar saker och ting ändå förändras, och kanske är morgondagen inte lika deprimerande förutsägbar trots allt.

ISBN 91-1-301518-4

9789113015187

NORSTEDTS

M

ULLSTEIN

DER ÜBERRASCHUNGSBESTSELLER AUS FRANKREICH – »ZÄRTLICH, LUSTIG, LEBENSKLUG«

THE NEW YORK TIMES

Das Leben macht wirklich keinen Spaß, findet Doria. Jedenfalls nicht, wenn man 15 ist, in einer tristen Pariser Vorstadtsiedlung wohnt und sich der Vater gerade in die marokkanische Heimat verdünnisiert hat. Doch neben nervigen Sitzungen bei der Schulpsychologin und dem täglichen Kampf um einen Kredit bei Aziz, dem Lebensmittelhändler, gibt es auch Lichtblicke ...

»Aufbauend und optimistisch – ein beeindruckendes Debüt« *Newsweek*

»Das andere Gesicht der Pariser Vorstadt« *Deutschlandradio Kultur*

ISBN 978-3-548-26349-6 2

9 783548 263496

€[D] 8.00
€[A] 8.30

www.ullstein-taschenbuch.de

M

Manchmal versuche ich mir vorzustellen, was aus mir geworden wäre, wenn ich nicht als Marokkanerin, sondern als Polin oder Russin auf die Welt gekommen wäre ... Vielleicht Eiskunstläuferin ... Eiskunstlauf ist wirklich genial, allein die Paillettenkleidchen mit bunten Rüschen ... Das Problem ist nur, dass man bei den Hebefiguren immer die Unterhose sieht. Deshalb wäre meine Mutter nicht gerade begeistert von der Vorstellung, dass ich im Fernsehen Eis laufe. Und wenn ich Russin wäre, hätte ich außerdem bestimmt einen superkomplizierten Namen und blonde Haare ...

ISBN-13: 978-3-551-58154-9
ISBN-10: 3-551-58154-1
9 783551 581549
€ 12,00 (D)

CARLSEN

M

Arbeitsanregungen

1. Versuche, die Sprachen auf den Titelumschlägen (S. 232 f.) zu bestimmen und die Titel zu übersetzen. Vergleiche die Übersetzungen des Titels dieser Ausgaben mit dem Originaltitel.

2. Diskutiert mögliche Gründe der Übersetzerin Anja Nattefort, den Roman »Paradiesische Aussichten« zu nennen.

3. »*Kiffe kiffe demain*: Das kommt aus dem Arabischen und heißt so viel wie ›morgen – immer das Gleiche‹. Und dann hat es noch eine umgangssprachliche Bedeutung, und die ist: lieben.« (S. 129)
   - Überlege, warum Faïza Guène wohl diesen Titel gewählt hat.

4. Für den Verkauf eines Buches spielt der Buchumschlag bzw. die Aufmachung des Titels eine wichtige Rolle.
   - Wähle einen Titelumschlag (S. 232 f.) und einen hinteren Umschlag (S. 234 ff.) aus, der dir am besten gefällt. Begründe deine Entscheidung.
   - Beziehe folgende Aspekte mit ein: Titel, Schrifttyp und -größe, Platzierung der einzelnen Elemente, Bildmotiv/Illustration, »Botschaft«, Bezug zum Roman, mögliche beabsichtigte Wirkung.

5. Gestalte einen eigenen vorderen und hinteren Buchumschlag und verfasse außerdem einen Klappentext.

Textquellen

Adams, Sarah: Faïza Guène über ihren Roman. Aus: S. Adams: Voice of the people. Interview. Aus dem Englischen von Annett Davideit. Aus: www.guardian.co.uk/society/2006/may/10/books.socialexclusion, 10. 5. 2006 (Aufrufdatum: 23. 6. 2009).

Almond, David: Feuerschlucker. Aus dem Englischen von Ulli und Herbert Günther. München: dtv, 2007 (2003). S. 76–78. © der deutschsprachigen Ausgabe: Carl Hanser Verlag München Wien.

Arte TV, 28. 11. 2006. Chronologie der Ereignisse 2005. Aus: www.arte.tv/de/film/wut-in-den-stadten/1355010,CmC=1392434.html (Aufrufdatum: 23. 6. 2009). ©2008 ARTE G.E.I.E.

Baker, Josephine: Unsere Träume … Aus: www.zitate-online.de/sprueche/kuenstler-literaten/376/unsere-traeume-koennen-wir-erst-dann-verwirklichen.html (Aufrufdatum: 23. 6. 2009).

Bakri, Sarah El: Zwischen den Zeilen lesen. Aus: www.berliner-jugendforum.de/index.php?id=607, o.D. (Aufrufdatum: 23. 6. 2009).

Bekes, Peter und Heinz Reichling: Ein Lesetagebuch führen. Aus: Frederik Hetmann/Harald Tondern: Die Rache der Raben. Eine fantastische Geschichte. Erarbeitet von Peter Bekes und Heinz Reichling. Braunschweig: Schroedel, 2004. S. 155–158.

Ben Jelloun, Tahar: Verbrannte Erde. Denn sie wissen, was sie tun: Warum junge Franzosen auf die Barrikaden gehen. Aus dem Französischen von Christiane Kayser. Aus: Die Zeit, Nr. 46, 10. 11. 2005. www.zeit.de/2005/46/UnruheFrankreich (Aufrufdatum: 23. 6. 2009). © DIE ZEIT, 10. 11. 2005.

Bigalke, Katja: Das andere Gesicht der Pariser Vorstadt. Faïza Guène und ihr Buch *Kiffe kiffe demain*. Aus: Deutschlandradio, 10. 10. 2005. www.dradio.de/dkultur/sendungen/profil/426738/(Aufrufdatum: 23. 6. 2008). © 2008 Deutschlandradio.

Biondi, Franco: Sprachfelder. Aus: Nicht nur Gastarbeiterdeutsch. Selbstverlag, 1979.

Burke, Jason: Voice of the suburbs. Aus dem Englischen von Annett Davideit. The Guardian, 23. 4. 2006. Aus: www.guardian.co.uk/books/2006/apr/23/fiction.features1 (Aufrufdatum: 23. 6. 2009).

Cisneros, Sandra: Aus: BookBrowse. Your guide to exceptional books. www.bookbrowse.com/reviews/index.cfm?book_number=1861. (Aufrufdatum: 23. 6. 2009). © BookBrowse LLC 1997–2008.

Definition: Ethnolekt. Originalbeitrag.

Deluxe, Samy: Sag mir, wie es wär. Text: Brooke Russel und Samy Sorge. Aus: CD: Brothers Keepers #1: Lightkultur, 2001. © Dobra Publishing/Elijah Edition. Musik Edition Discoton GmbH, Berlin. Arabella Musikverlag GmbH, Berlin.

Deutsche Welle: Buchtipp: Faïza Guène: Paradiesische Aussichten. Ohne Datum. Aus: www.dw-world.de/dw/article/0,2144,2040105,00.html (Aufrufdatum: 23.6.2009). © 2008 Deutsche Welle.

Dieckmann, Friedrich: Der Begriff »Heimat«. Aus: der blaue reiter. Journal für Philosophie. Heft 23: Heimat. Stuttgart, 2007. S. 64.

Drvenkar, Zoran: solch eine lange reise. Aus: Z. Drvenkar: was geht wenn du bleibst. Hamburg: Carlsen, 2005. S. 41.

Ebner-Eschenbach, Marie von: Nenne dich ... Aus: http://zitate.net/zitat_3952.html (Aufrufdatum: 23.6.2009).

Ferstl, Ernst: Könnten alle ... Aus: E. Ferstl: Zwischenrufe. Aphorismen. Vechta-Langförden: Geest-Verlag, 2004. © Ernst Ferstl.

Fischer, Jonathan: Interview mit Banlieue-Rappern: Freiheit, Heuchelei, Brüderlichkeit. Aus: Süddeutsche Zeitung, 23.11.2005. www.sueddeutsche.de/kultur/416/408191/text (Aufrufdatum: 23.6.2009). © sueddeutsche.de GmbH/Süddeutsche Zeitung GmbH.

Frisch, Max: Aus: Fragebogen IX. In: Fragebogen. Frankfurt a. M.: Suhrkamp, 1998 (1992/1972). S. 73. © Suhrkamp Verlag GmbH und Co. KG.

g26.ch – Plattform für Kunst, Kultur und Gesellschaft: Kronprinz Moulay El Hassan von Marokko. 2003 (ohne Datum). Aus: www.g26.ch/marokko_news_0306.html (Aufrufdatum: 23.6.2009).

Geis, Maya: Buchtipp der Woche: Faïza Guène: Paradiesische Aussichten. Eine Rezension. Aus: Arte, 3.5.2006. www.arte.tv/de/kunst-musik/buchtipps/Buchtipp-der--Woche/Faiza-Guene--Paradiesische%20Aussichten/1196142.html (Aufrufdatum: 23.6.2009).

Green, John: Eine wie Alaska. Aus dem amerikanischen Englisch von Sophie Zeitz. München: Carl Hanser, 2008 (2005). S. 7f. © by John Green. Für die deutsche Ausgabe: © Carl Hanser Verlag München 2007.

Groebel, Jo: Fernsehen: 10 Antworten. Aus: Infoset »Medienkompetenz und Medienpädagogik in einer sich wandelnden Welt« des Medienpädagogischen Forschungsverbundes Südwest. Aus: www.mpfs.de/fileadmin/Infoset/Fernsehen-DownloadHP.pdf. 7. Aufl. Stuttgart, 2007. (Aufrufdatum 23.6.2009).

Guène, Faïza: »Schreiborte – Schreiberfahrungen. Aus: writing space: Faïza Guène (Frankreich)«. In: internationales literaturfestival berlin. www.literaturfestival.com/writing_5262 (Aufrufdatum: 23.6.2009). Französischer Text aus: F. Guène: Du rêve pour les oufs. Paris: Hachette Littératures, 2006.

Guène, Faïza: Blick aus dem Fenster. Die Schriftstellerin Faïza Guène über das Leben in den Banlieues. Aus: ADAC reisemagazin Paris, Nr. 100 (September/Oktober 2007), S. 128f.

Güngör, Murat und Hannes Loh: Der Begriff »Ausländer/Ausländerin«. Aus: M. Güngör, H. Loh: Inländisch , ausländisch, deutschländisch. Themenblätter im Unterricht, Nr. 67 (Herbst 2007), S. 1. Hg.: Bundeszentrale für politische Bildung, Bonn. Aus: www.bpb.de/files/DAP88H.pdf (Aufrufdatum: 23.6.2009). © Bundeszentrale für politische Bildung, Bonn, 2007.

Hahn, Dorothea: Die Sagan der Vorstädte. Aus: taz, 23.10.2006. © taz Entwicklungs GmbH & Co. Medien KG.

Hamburger Abendblatt: Hartz IV? Dann keine TV-Gebühren. dpa-Meldung vom 29.3.2007. Aus: www.abendblatt.de/daten/2007/03/29/715414.html (Aufrufdatum: 23.6.2009). © 2002–2008 Hamburger Abendblatt.

Hugo, Victor: Denken ist ... Aus: www.zitate-online.de/sprueche/kuenstler-literaten/18561/denken-ist-die-arbeit-des-intellekts-traeumen.html (Aufrufdatum: 23.6.2009).

JIM-Studie 2007 – Jugend, Information, (Multi-)Media. Basisuntersuchung zum Medienumgang 12- bis 19-Jähriger in Deutschland. Hg.: Medienpädagogischer Forschungsverbund Südwest. Stuttgart, 2007. Aus: www.mpfs.de/fileadmin/JIM-pdf07/JIM-Studie2007.pdf, S. 25 (Aufrufdatum: 23.6.2009).

JIM-Studie 2008 – Jugend, Information, (Multi-)Media. Basisuntersuchung zum Medienumgang 12- bis 19-Jähriger in Deutschland. Hg.: Medienpädagogischer Forschungsverbund Südwest. Stuttgart, 2008. Aus: www.mpfs.de/fileadmin/JIM-pdf08/JIM-Studie_2008.pdf, S. 67 (Aufrufdatum 23.6.2009).

Kaminer, Wladimir: Russendisko. München: Goldmann, 2000. S. 99.

Koepke, Gerhardt (das ist Benedict Becker): Paradiesische Aussichten? Das Romandebüt von Faïza Guène. Aus: Claudia Maaß (Hg.): Materialien des internationalen literaturfestivals berlin 2007. Freie Universität Berlin, 2007. Unveröffentlichtes Manuskript, S. 8. © Benedict Becker.

Lalami, Laila: Aus: BookBrowse. Your guide to exceptional books.

Lebert, Benjamin: Crazy. Köln: Kiepenheuer & Witsch, 1999. S. 9.

Margara, Andreas: Zensur für französische Rapper? Aus: regioactive.de – die Musikszene im web, 30.11.2005. www.regioactive.de/story/4414/zensur_fuer_franzoesische_rapper.html (Aufrufdatum: 23.6.2009). © 2001–2008 regioactive.de.

Masrar, Sineb El: Marokko hat eine neue Prinzessin – Lalla Khadija. Aus: Gazelle – das multikulturelle Frauenmagazin. Ohne Datum. www.gazelle-magazin.de/ausland.html (Aufrufdatum: 23.6.2009).

Mayerhofer, Thomas: Die Dornen des Korans. Aus: Les(e)bar. Internet-Rezensionszeitschrift für Kinder- und Jugendliteratur des ALEKI (Arbeitsstelle für Leseforschung und Kinder- und Jugendmedien). Universität Köln, 2006. www.lesebar.uni-koeln.de/rezensionlesen.php?id=311 (Aufrufdatum: 23.6.2009).

Médioni, Gilles: Faïza, on la kiffe. Aus: L'Express. http://livres.lexpress.fr/portrait.asp/idC=9309/idR=5/idG=3 (Aufrufdatum: 23.6.2009). © L'Express

Mischsprache. Aus: Inken Keim: Die »türkischen Powergirls«. Lebenswelt und kommunikativer Stil einer Migrantinnengruppe aus Mannheim. 2. Aufl. Tübingen: Narr, 2008. S. 208.

Moles Kaupp, Cristina: Der Begriff »Migrant/Migrantin«: Aus: C. Moles Kaupp: Filmheft zu »Knallhart«. Hg.: Bundeszentrale für politische Bildung, Bonn. Aus: www.bpb.de/files/YOCEDC.pdf, S. 9 (Aufrufdatum: 23.6.2009). © Bundeszentrale für politische Bildung, Bonn, 2006.

Moles Kaupp, Cristina: Berlin/Neukölln – ein sozialer Brennpunkt. Aus: C. Moles Kaupp: Filmheft zu »Knallhart«. Hg.: Bundeszentrale für politische Bildung, Bonn. Aus: www.bpb.de/files/YOCEDC.pdf, S. 18 (Aufrufdatum: 23.6.2009). © Bundeszentrale für politische Bildung, Bonn, 2006.

Mönninger, Michael: »Geld ist nichts, Respekt ist alles«. Mit Masken, Handys und Brandsätzen – in Frankreich revoltieren Jugendliche gegen die gebrochenen Versprechen der Republik. Aus: Die Zeit, Nr. 46, 10.11.2005. www.zeit.de/2005/46/Paris_Krawalle?page=all (Aufrufdatum: 23.6.2009). © DIE ZEIT, 10.11.2005.

Musil, Robert: Die Verwirrungen des Zöglings Törleß. Reinbek bei Hamburg: rowohlt, 1959 (1906). S. 7f.

Rappers-Guide.com: Ginex: Russen in Deutschland. Beitrag von Beeto, 13.10.2008. Aus: www.rappers-guide.com/index.php?option=com_content&task=view&id=1683&Itemid=191 (Aufrufdatum: 23.6.2008).

Rochman, Hazel: Aus: BookBrowse. Your guide to exceptional books. www.bookbrowse.com/reviews/index.cfm?book_number=1861 (Aufrufdatum: 23.6.2009). © BookBrowse LLC 1997–2008.

Roth, Pamo: Voll das Leben. Der Rapper Hassan über Respekt und Vorurteile. Aus: fluter.de. Magazin der Bundeszentrale für politische Bildung, 24.8.2006. www.fluter.de/de/konflikte/aktuell/5303/ (Aufrufdatum: 23.6.2009). © 2001–2008 fluter.de/Bundeszentrale für politische Bildung.

Rühle, Alex und Dirk Peitz: Aus einem Interview. Aus: Harte Texte und die Härte der Nazis. Interview mit Bushido, Loh, Güngör. Aus: Süddeutsche Zeitung, 28.6.2005. www.sueddeutsche.de/kultur/459/406236/text/(Aufrufdatum: 23.6.2009).

Sachs, Nelly: Wer im Dunkeln sitzt … Aus: www.zitate-online.de/sprueche/allgemein/17071/wer-im-dunklen-sitzt-zuendet-sich-einen-traum-an.html (Aufrufdatum: 23.6.2009).

Salinger, J. D.: Fänger im Roggen. Aus dem amerikanischen Englisch von Eike Schönfeld. Köln: Kiepenheuer & Witsch, 2007 (1951). S. 9f. © der deutschsprachigen Ausgabe Verlag Kiepenheuer & Witsch Köln.

Salzmann, Ulf: El Egoiste – Glück. 2008 Aus: www.splashcomics.de © Ulf Salzmann.

Satrapi, Marjane: Persepolis. Band 2: Jugendjahre. Aus dem Französischen von Stephan Pörtner. Wien, Ueberreuter, 2007. S. 45–47. © 2004 Verlag bbb Edition Moderne AG, Zürich/2000 & 2001 Marjane Satrapi & L'Association.

Schiller, Friedrich: Die schönsten Träume … Aus: F. Schiller: Briefe über Don Carlos. Zweiter Brief. gutenberg.spiegel.de Aus: gutenberg.spiegel.de/?id=5fxid=2400&Kapitel=1#gb_found (Aufrufdatum: 23.6.2009).

Şenocak, Zafer: XIV. Aus: Z. Şenocak: Flammentropfen. Frankfurt a. M.: Dagyeli Verlag, 1984. S. 69.

Stürzbecher, Wolfgang: Aus: W. Stürzbecher: Tatort Straße. Bergisch-Gladbach: Gustav Lübbe Verlag, 1992. S. 99f.

tanjuscha: Aktuelles Thema einfach und sehr eindringlich erzählt. Kundezrezension zu Paradiesische Aussichten: Aus: Amazon, 14. April 2007. www.amazon.de/review/product/3548263496/ref=dp_top_cm_cr_acr_txt?%5Fencoding=UTF8&showViewpoints=1 (Aufrufdatum: 23.6.2009).

Tiger – die Kralle von Kreuzberg (Cemal Atakan): Wie man rischtisch sprischt: Folge 80 (2008). Aus: www.multikulti.de/podcast/deutsch/comedy/tiger_101_bis.html (Aufrufdatum: 23.6.2009).

Walser, Robert: Jakob von Gunten. Frankfurt a. M.: Suhrkamp, 1999. S. 7. © dieser Ausgabe Suhrkamp Verlag Zürich 1978 und 1985.

Wickert, Ulrich: Frühstück im Café de Flore – Sonntag. Aus: ADAC reisemagazin Paris, Nr. 100 (September/Oktober 2007), S. 96–100; hier: S. 99.

Wilde, Oscar: Yes, I am a dreamer … Aus: The Critic as Artist. In: Collected Works of Oscar Wilde. Hertfordshire: Wordsworth Editions, 1997. S. 1016.

Zahlen und Fakten. Aus: 7. Bericht der Beauftragten der Bundesregierung für Migration, Flüchtlinge und Integration über die Lage der Ausländerinnen und Ausländer in Deutschland (Dezember 2007). Aus: www.bundesregierung.de/Content/DE/Publikation/IB/Anlagen/auslaenderbericht-7,property=publicationFile.pdf (Aufrufdatum: 26.6.2009) und aus: *OECD-Studie*: Wo haben Schüler mit Migrationshintergrund die größten Erfolgschancen: Eine vergleichende Analyse von Leistung und Engagement in PISA 2003. Kurzzusammenfassung. Aus: www.oecd.org/dataoecd/2/57/36665235.pdf © OECD 2006. (Aufrufdatum: 23.6.2009).

Zaimoglu, Feridun: Kanak Sprak. 24 Misstöne vom Rande der Gesellschaft. 6. Aufl. Hamburg: Rotbuch, 2004 (1995). S. 95, S. 22. © Rotbuch/Sabine Groenewald Verlage, Hamburg 2004, © Europäische Verlagsanstalt/Rotbuch Verlag, Hamburg 1995.

Zitzmann, Marc: Vom Ghetto ins Wörterbuch. Die Sprache von Frankreichs Banlieue-Jugend. Aus: Neue Zürcher Zeitung 12.5.2004. Aus: www.nzz.ch/2004/05/12/fe/article9JOX6.html (Aufrufdatum: 23.6.2009). © Neue Zürcher Zeitung AG.

Bildquellen

Seite 126: internationales literaturfestival berlin/Ali Ghandtschi.
Seite 133: Kartographische Abteilung Westermann, Braunschweig.
Seite 142 oben: ADAC Verlag GmbH, Hamburg.
Seite 142 unten: Alamy Images, Oxfordshire/Alex Segre.
Seite 143 oben: Le Monde 2008, France.
Seite 143 unten: Associated Press, Frankfurt a. M./ Jaques Brinon.
Seite 144: Alamy Images, Oxfordshire.
Seite 146: picture-alliance, Frankfurt a. M./Chad Ehlers.
Seite 148: Associated Press, Frankfurt a. M./Christian Hartmann.
Seite 149: Liz Johnson-Artur, Brighton, GB.
Seite 153: Liz Johnson-Artur, Brighton, GB.
Seite 159: ullstein bild, Berlin/pen.
Seite 160: dpa, Frankfurt a. M./Globus Infografik.
Seite 161: dpa, Frankfurt a. M./Globus Infografik.
Seite 165: Visum, Hamburg/Steffen Roth.
Seite 167: Caro Fotoagentur, Berlin/Sorge.
Seite 173-175: © 2004 Verlag bbb Edition Moderne AG, Zürich/2000 & 2001 Marjane Satrapi & L'Association.
Seite 181: www.intro-foto.de/© Christian Hahn.
Seite 182: AOL Deutschland GmbH, Hamburg.
Seite 183: www.dastelefonbuch.de/Q.Plan GmbH, Düsseldorf.
Seite 193: ullstein bild, Berlin/Niering.
Seite 198: www.splashcomics.de/Ulf Salzmann.
Seite 200: laif Bildagentur, Köln/Gamma/Benito.
Seite 201: laif Bildagentur, Köln/Gamma/ Duclos Alexis.
Seite 202: picture-alliance, Frankfurt a. M./dpa.
Seite 204 oben links: actionpress, Hamburg.
Seite 204 oben rechts: picture-alliance, Frankfurt a. M./dpa.
Seite 204 Mitte unten: Cinetext, Frankfurt a. M.
Seite 205: Cinetext, Frankfurt a. M.
Seite 206: www.mpfs.de/ JIM-Studie 2007.
Seite 208: www.mpfs.de/ JIM-Studie 2008.
Seite 211: Axel Springer AG, Berlin.
Seite 213: J. D. Salinger: Der Fänger im Roggen. Verlag Kiepenheuer & Witsch GmbH & Co. KG, Köln.
Seite 214 oben: Benjamin Lebert: Crazy. Verlag Kiepenheuer & Witsch GmbH & Co. KG, Köln.
Seite 215 unten: David Almond: Feuerschlucker. Carl Hanser Verlag, München.
Seite 218: John Green: Eine wie Alaska. Carl Hanser Verlag, München.

Seite 220: Robert Walser: Jakob von Gunten. Suhrkamp Verlag, Frankfurt a. M.

Seite 222: Robert Musil: Die Verwirrungen des Zöglings Törleß. Rowohlt Verlag, Reinbek.

Seite 232 oben links: Faïza Guène: Kiffe kiffe demain. Paris: Hachette Jeunesse, Coll. Livre de Poche Jeunesse, 2006.

Seite 232 oben rechts: Paris: Kiffe kiffe demain. Hachette Littératures, 2004.

Seite 232 unten links: Paradiesische Aussichten. © Carlsen Verlag GmbH, Hamburg 2006.

Seite 232 unten rechts: Paradiesische Aussichten. Berlin: Ullstein Buchverlage, 2006.

Seite 233 oben links: Kiffe Kiffe imorgon. Norstedts Förlag, Stockholm, 2006.

Seite 233 oben rechts: Pokochać jutro. Łódź: Videograf II, 2006.

Seite 233 unten links: Kiffe kiffe tomorrow. New York: Harcourt Inc., 2006.

Seite 233 unten rechts: Just like tomorrow. Northants: Random House Archive & Library.

Anmerkungen

S. 12

Scheich arabisch: Ältester; Dorfältester bzw. Oberhaupt eines arabischen Herrschaftsgebietes bzw. eines Dorfes oder Familienverbandes; auch Titel für Männer, die eine bestimmte gesellschaftliche Stellung einnehmen

S. 13

Ramadan Fastenmonat im Islam; vom Morgengrauen bis zum Sonnenuntergang ist jeder leibliche Genuss wie Essen, Trinken, Rauchen untersagt

S. 15

Tim und Struppi Comicserie, geschrieben und gezeichnet vom Belgier Hergé (1907–1983)

Nippes kleine Figuren, meist aus Porzellan, die zum Schmuck aufgestellt werden

S. 16

Tahar Ben Jelloun *1944 in Fès, Marokko; 1971 nach Frankreich emigriert; einer der bedeutendsten Vertreter der französischsprachigen Literatur des Maghreb

S. 17

Couscous nordafrikanisches Grundnahrungsmittel aus Weizengrieß, Gerste oder Hirse

S. 18

Titanic US-amerikanischer Film (1997) mit Leonardo DiCaprio und Kate Winslet

S. 21

Banlieue allgemein für Vorortbereiche von größeren Städten; diejenigen mit hohem Anteil an Sozialwohnungen gelten oft als soziale Brennpunkte

S. 22

Cité du Paradis Cité: Aus Hochhäusern bestehende Wohnquartiere in städtischen Randgebieten; viele wurden in den 1960er-Jahren zur Bekämpfung der Wohnungsnot in Form von Plattenbauten errichtet; gelten oft als soziale Brennpunkte

S. 23

Alice im Wunderland englisches Kinderbuch von Lewis Carroll, 1865 erschienen

S. 25

Tschernobyl Kernkraftwerk in der heutigen Ukraine, in dem sich 1986 (damals Sowjetunion) eine der schlimmsten Umweltkatastrophen ereignete

Maghreb arab. Al-Maghrib: der Westen; die arabisch-muslimischen Staaten in Nordafrika, insbesondere Tunesien, Algerien und Marokko

S. 27

Zorro US-amerikanische Romanfigur; seit den 1920er-Jahren immer wieder verfilmt, u. a. 1998 mit Antonion Banderas

Kichererbsen Hülsenfrüchte, die man z. B. zur Zubereitung von Falafel braucht

S. 29

Algerienkrieg Krieg zwischen Frankreich und Algerien um dessen Unabhängigkeit (1954–1962)

S. 31

MacGyver US-amerikanische Serie (1985–1994); der Hauptdarsteller MacGyver wurde berühmt durch seine erfinderische Nutzung alltäglicher Gegenstände in Notsituationen

S. 34

Bronx Stadtbezirk von New York, der in den 1970er- und 1980er-Jahren durch seine hohe Kriminalitätsrate Schlagzeilen machte; geprägt durch Einwohner aus verschiedenen Kulturen; Geburtsort des Hip-Hop

Inschallah arabisch: So Allah will; Redensart; wird in der Umgangssprache oft benutzt, um nicht eine eindeutige Aussage machen zu müssen

S. 35

Zadig *Zadig oder das Schicksal*, Erzählung (1747) von Voltaire

Voltaire (1694–1778) französischer Schriftsteller und Philosoph; Autor der Erzählung *Zadig oder das Schicksal*

S. 40

Souk Markt bzw. kommerzielles Viertel in einer arabischen Stadt

S. 43

Galeries Lafayette traditionsreiche Kaufhaushauskette in Frankreich mit Stammhaus in Paris

S. 47

Volksbewegungsunion UMP (Union pour un mouvement populaire); konservatives Parteienbündnis

Katakomben unterirdische Begräbnisanlage (in frühchristlicher Zeit)

S. 49

Vuitton Louis Vuitton: französisches Modeunternehmen, vor allem berühmt für Lederwaren

S. 52

Abbé Pierre (1912–2007) sehr beliebter französischer Priester, der sich besonders für Obdachlose einsetzte

S. 53

Antonio Banderas; Zorro s. Anmerkung zu S. 27

S. 56

Sisitop gemeint ist: ZZ Top (US-amerikanische Musikband)

S. 58

Paris – Dakar Die Rallye Dakar; Wüstenrallye, ursprünglich zwischen Paris und Dakar (Hauptstadt Senegals) ausgetragen (Rallye Paris – Dakar), heute mit unterschiedlicher Streckenführung

S. 63

Henna rotgelber Farbstoff; zum Färben von Fingernägeln, Haut und Haaren geeignet

Maginot-Linie 1936 von Frankreich gebaute Verteidigungslinie (meist aus Bunkern bestehend) insbesondere zwischen Frankreich und Deutschland

Saddam Hussein Staatsoberhaupt im Irak zu Beginn des Irakkrieges, 2006 nach Prozess wegen Verbrechen gegen die Menschlichkeit hingerichtet

Che Guevara *1928 in Argentinien, Schlüsselfigur der kubanischen Revolution (1959); 1967 von der bolivianischen Armee hingerichtet

S. 76

Jetset Bezeichnung für die Gesellschaftsschicht, die es sich leisten kann, exklusiv in Jets um die Welt zu reisen; »Schickeria«

S. 81

Halal das, was nach den islamischen Gesetzen erlaubt ist

S. 82

Tony Danza US-amerikanischer Schauspieler in der TV-Serie »Who's the Boss«

S. 86

James Dean US-amerikanischer Schauspieler (1931–1955)

Claude François französischer Komponist und Chansonsänger (1939, Ismaïlia/Ägypten – 1978, Paris)

Christian Morin französischer Schauspieler, Radio- und Fernsehmoderator, u. a. vom »Glücksrad«

S. 86

Cosette Figur aus dem Roman *Die Elenden* (1862) von Victor Hugo

S. 87

bretonisch aus der Bretagne; Region im Nordwesten Frankreichs

S. 88

Autistin Autismus: psychische Störung, die sich in völliger Teilnahmslosigkeit äußert

S. 89

Bigdil »Geh aufs Ganze« – eine Gameshow auf dem französischen Kanal TF1

S. 96

Krieg im Irak im März 2003 marschierten US-amerikanische Truppen im Irak ein, um den Diktator Saddam Hussein zu stürzen

Festival von Cannes Filmfestival, das jährlich im Mai in Cannes an der französischen Côte d'Azur veranstaltet wird

Sissi, die Kaiserin die österreichische Kaiserin Elisabeth (1837–1898); hier bezogen auf drei berühmte Filme mit Romy Schneider in der Rolle der Sissi

S. 101

Fort Boyard Abenteuer-Spielshow, in der Stars auf Schatzsuche gehen

Enrico Macias in Algerien geborener, nach Frankreich emigrierter Chansonsänger

S. 104

beschnitten Beschneidung: Entfernung der männlichen Vorhaut; religiöse Pflicht für Muslime

Hamdoullah »el hamdu lilah«: arabisch: Allah sei Dank!

S. 106

Rosenkranz eine Perlenschnur, an der man Gebete in bestimmter Reihenfolge »abzählen« kann

08/15 Redewendung, wenn man ausdrücken will, dass es sich um nichts Besonderes handelt

S. 107

Böhmische Dörfer Redensart für: »Das ist mir völlig unbekannt.«

S. 109

17. Oktober 1961 während des Algerienkrieges (s. Anmerkung zu S. 29) riefen algerische Organisationen in Frankreich zu einem Protestmarsch gegen eine über die französischen Muslime aus Algerien verhängte Ausgangssperre auf; die französische Polizei reagierte unangemessen gewalttätig. Die Zahl der Opfer ist bis heute unbekannt

S. 110

Tunte abfällig für Homosexuelle mit auffällig weiblichem Verhalten

S. 111

Harki algerische Muslime, die im Algerienkrieg (s. Anmerkung zu S. 29 und 109) auf der Seite der französischen Kolonialmacht kämpften.
Nach dem Sieg Algeriens wurden viele von ihnen wegen dieses Verrats in Algerien gefoltert und ermordet. Einige flohen nach Frankreich und wurden auch dort verfolgt

S. 115

Inschallah s. Anmerkung zu S. 34

S. 116

Patrick Dils saß 15 Jahre unschuldig in Haft und wurde 2001 entlassen

S. 121

Lindsay und die Picaros, Lindsay in Tibet, Lindsay und die Juwelen der Sängerin Titel von *Tim und Struppi*-Comics: *Tim und die Picaros* etc.

Abbé Pierre s. Anmerkung zu S. 52

Schwester Emmanuelle belgisch-französische Ordensfrau (1908–2008); sah das Elend der Müllsammler bei einem Aufenthalt in Kairo und entschied, diesen zu helfen; lebte über 20 Jahre lang mit ihnen zusammen und wurde »Mutter der Müllmenschen« genannt, oft verglichen mit Mutter Theresa

S. 123

Elle monatlich erscheinende internationale Frauenzeitschrift

La Pasionaria Beiname von Dolores Ibárruri Gómez, legendäre spanische Revolutionärin (1895–1989)

S. 145

Edith Piaf berühmte französische Chansonsängerin (1915–1963)

Maghreb s. Anmerkung zu S. 25

S. 149

Tahar Ben Jelloun s. Anmerkung zu S. 16

S. 154

Gaza Der Gazastreifen ist ein konfliktreiches Gebiet am Mittelmeer zwischen Israel und Ägypten; das Gebiet steht unter palästinensischer Selbstverwaltung. Etwa 1,5 Mio. Menschen leben auf engem Raum in extremer Armut

S. 190

Bonjour Tristesse Roman von Françoise Sagan, den die Autorin 18-jährig schrieb und der nach seinem Erscheinen 1954 einen Skandal auslöste

S. 194

Brothers Keepers Zusammenschluss von Künstlern und Produzenten, die sich mit ihrer Musik und verschiedenen Aktionen gegen Rassismus und rechtsextremistische Gewalttaten einsetzen

S. 216

Eleven-Plus eine Prüfung im letzten Grundschuljahr in Großbritannien, die über den weiteren Schulweg entscheidet; nur noch selten angewandt

S. 228

Françoise Sagan französische Bestsellerautorin (1935–2004); ihr Roman *Bonjour Tristesse*, den sie 18-jährig schrieb, löste nach seinem Erscheinen 1954 einen Skandal aus

Presseecho

Der Band *Die Poetry-Slam-Expedition* ist ein ideales Arbeitsbuch, um moderne Dichtung im Schulunterricht zu vermitteln und Jugendliche zu animieren, selbst zu dichten und mit Sprache zu experimentieren.

Martin Beyer, Online-Magazin Suite 101

Die Materialien erzählen davon, welcher Gewinn durch Sprache entsteht, wie Persönlichkeiten dadurch gebildet werden. Es wäre doch schön, wenn dieses Multimediapaket zum Unterrichtsmaterial würde.

Sassan Niasseri, tip Berlin

Lehrerstimmen

Ein sehr gelungenes Buch, die *Poetry-Slam-Expedition*, mit sehr vielen schönen Anregungen! Sofort gelesen, gehört und gefallen. *K. S.*

Bas Böttcher ist der Hit bei den Schülern! *A. D.*

Guten Tag Herr Böttcher,
ich habe Sie in Heidelberg gesehen und bin begeistert, obwohl ein 62 Jahre alter Lehrer. Könnten Sie einen »Wordshop« oder eine Lesung bei uns an der Schule durchführen? *F. S.*

Schülerstimmen

Unsere Lehrerin hat ein paar deiner Gedichte in unserer Parallelklasse vorgelesen, und da haben mir ein paar Leute erzählt, dass die Lehrerin so was von begeistert von dir ist!!! ... Sie ist noch nicht die älteste, aber es ist trotzdem was Tolles, wenn Lehrer so ein bisschen auch die moderne Lyrik mögen! *Patrick*

Hey, du warst heut bei uns in der schule – cooler auftritt, deine texte gefallen mir und deine vortragsweise auch! mach weiter so :-) *Sofia*

Hallo Herr Böttcher,
ich bin wirklich begeistert von Ihren Sprechgedichten. Wir haben »Dran glauben« im Deutschunterricht gehört und ich war wirklich sehr fasziniert. Ihre Worte prägen sich einfach in meinen Kopf ein. Ich finde keine Worte, um ein Lob zu verfassen. Wirklich sehr, sehr gut!! *Magdalena*

S. 103 – 107 Mitte
Zitiere

Texte. Medien
www.schroedel.de/textmedien